# TÜRKÇE DİLBİLGİSİ
# 初级土耳其语语法

上册

〔土耳其〕爱 登
〔土耳其〕古育斯 编著
蔡雨玹

北京大学出版社
PEKING UNIVERSITY PRESS

图书在版编目 (CIP) 数据

初级土耳其语语法. 上册 /（土）爱登，（土）古育斯，蔡雨玹编著. —北京：北京大学出版社，2018.11
（新丝路·语言）
ISBN 978-7-301-29986-9

Ⅰ.①初… Ⅱ.①爱…②古…③蔡… Ⅲ.①土耳其语—语法—高等学校—教材 Ⅳ.①H512.4

中国版本图书馆 CIP 数据核字 (2018) 第 234820 号

| | |
|---|---|
| 书　　名 | 初级土耳其语语法（上册） |
| | CHUJI TUERQIYU YUFA (SHANGCE) |
| 著作责任者 | ［土耳其］爱　登　［土耳其］古育斯　蔡雨玹　编著 |
| 责任编辑 | 严　悦 |
| 标准书号 | ISBN 978-7-301-29986-9 |
| 出版发行 | 北京大学出版社 |
| 地　　址 | 北京市海淀区成府路 205 号　100871 |
| 网　　址 | http://www.pup.cn　新浪微博：@ 北京大学出版社 |
| 电子信箱 | pkupress_yan@qq.com |
| 电　　话 | 邮购部 010-62752015　发行部 010-62750672　编辑部 010-62754382 |
| 印 刷 者 | 北京虎彩文化传播有限公司 |
| 经 销 者 | 新华书店 |
| | 650 毫米 × 980 毫米　16 开本　18 印张　250 千字 |
| | 2018 年 11 月第 1 版　2018 年 11 月第 1 次印刷 |
| 定　　价 | 58.00 元 |

未经许可，不得以任何方式复制或抄袭本书之部分或全部内容。
版权所有，侵权必究
举报电话: 010-62752024　电子信箱: fd@pup.pku.edu.cn
图书如有印装质量问题，请与出版部联系，电话: 010-62756370

# 前 言

语言是跨文化的基本载体，打破语言的障碍才能实现民族和国家之间真正的合作交流。随着"一带一路"倡议的提出，学习沿线国家语言的需求显得更为迫切。不能掌握对象国的语言，深入的沟通和交流就会面临障碍。土耳其是"一带一路"沿线的重要国家，也是地区大国。优越的地理位置、深厚的历史文化积淀和较稳定的发展形势使土耳其正在崛起，成为地区重要力量，也在推进"一带一路"建设中扮演着重要角色，是落实"一带一路"倡议、打通海陆欧亚大桥的重要国家。

土耳其语是一种现有约8000万人使用的语言，属于阿尔泰语系突厥语族，主要在土耳其本土使用，也在阿塞拜疆、塞浦路斯、希腊、马其顿、罗马尼亚、乌兹别克斯坦、土库曼斯坦、吉尔吉斯斯坦、保加利亚、叙利亚、蒙古等国，以及在西欧居住的数百万土耳其裔移民（主要集中在德国）中通用。

随着"一带一路"倡议的推进，土耳其正式成为亚洲基础设施投资银行意向创始成员，中国和土耳其在贸易、能源、金融、文化等领域的交流合作日益密切，使得土耳其语人才的进一步需求成为必然。同时，中国极度缺乏能协助企业与机构有效开展活动的土耳其语人才，而土耳其本身的英语和汉语普及程度也较低。

于是编写适合中国人学习土耳其语的教材就显得迫在眉睫了。《初级土耳其语语法》（上、下册）就这样顺势而生了。本教材严格按照现代对外土耳其语教学方法编写而成，主要面向母语非土耳其语初级学习者。教材以讲授土耳其语语法规则与实际应用为主，

# 初级土耳其语语法（上册）

同时注重语言、文化和趣味性的结合。每课配以与语法内容相关的土汉双语情景对话或课文，方便学习者掌握语法知识，并能将其灵活运用到日常对话中。每课都附有针对性的语法讲解与练习，并附有答案。

五年前，我开始担任北京大学外国语学院阿拉伯语言文化系土耳其语辅修课程和"一带一路"公共土耳其语的任课教师。经过多年教学实践的积累，我和古育斯先生一起编写了这套教材。

最后，我要特别感谢北京大学外国语学院副院长付志明教授，对于此书的出版，付教授给予了我极大的帮助！还要特别感谢北京大学元培学院蔡雨玹同学为此书出版所付出的辛勤努力！

爱登

2018年10月于北京

# 目 录

第一课　您好，您叫什么名字？……………………………1
KONU 1　MERHABA, ADINIZ NE?

第二课　这是什么？………………………………………19
KONU 2　BU NE?

第三课　您是哪里人？……………………………………40
KONU 3　NERELİSİNİZ?

第四课　几点了？…………………………………………56
KONU 4　SAAT KAÇ?

第五课　您家有几个房间？………………………………69
KONU 5　EVİNİZ KAÇ ODALI?

第六课　亚塞明是您的什么人？…………………………89
KONU 6　YASEMİN BEY NEYİNİZ OLUYOR?

第七课　今天有土耳其语课吗？…………………………106
KONU 7　BUGÜN TÜRKÇE VAR MI?

第八课　您做什么工作？…………………………………126
KONU 8　NE İŞ YAPIYORSUNUZ?

第九课　抱歉，请问学校在哪里？………………………138
KONU 9　AFEDERSİNİZ, OKUL NEREDE?

第十课　苹果每公斤多少里拉?·················156
KONU 10　ELMANIN KİLOSU KAÇ LİRA?

第十一课　您从市场买了什么?·················172
KONU 11　MARKETTEN NE ALDINIZ?

第十二课　您想点些什么菜?··················189
KONU 12　YEMEKLERDEN NE ALIRSINIZ?

第十三课　明天天气怎么样?··················205
KONU 13　YARIN HAVA NASIL OLACAK?

第十四课　您穿多大号的衬衫?·················221
KONU 14　KAÇ BEDEN GÖMLEK GİYİYORSUNUZ?

第十五课　您感觉怎么样?···················230
KONU 15　KENDİNİZİ NASIL HİSSEDİYORSUNUZ?

第十六课　我们去动物园吗?··················242
KONU 16　HAYVANAT BAHÇESİNE GİDELİM Mİ?

课后习题答案·························261

# 第一课　您好，您叫什么名字？
## KONU 1　MERHABA, ADINIZ NE?

Alfabe　字母表
Ünlü Uyumu　元音和谐
Şahıs Zamirleri　人称代词
İyelik Zamirleri ve İyelik Ekleri　物主代词及领属性词缀

Emre: Merhaba Ali, nasılsın?　　　埃姆雷：你好，阿里，你（最近）怎么样？

Ali: Teşekkür ederim. İyiyim. Sen nasılsın?　　　阿　里：谢谢，我很好。你怎么样？

Emre: Teşekkür ederim. Ben de iyiyim.　　　埃姆雷：谢谢，我也很好。

Ali: Bu kim?　　　阿　里：这是谁？

Emre: Bu, benim küçük kardeşim Mesut. Altıncı sınıfta okuyor.　　　埃姆雷：这是我的弟弟梅苏特，他读六年级。

Ali: Nasılsın Mesut?　　　阿　里：你好吗，梅苏特？

Mesut: Teşekkür ederim, iyiyim.　　　梅苏特：谢谢，我很好。

Emre: Senin kardeşin var mı Ali?　　　埃姆雷：你有兄弟姐妹吗，阿里？

Ali: Evet, var. Onun adı Elif.　　　阿　里：是的，有。她名叫艾丽芙。

Emre: Elif okuyor mu?　　　埃姆雷：艾丽芙在上学吗？

Ali: Evet, o beşinci sınıfta okuyor. 阿　里：是的，她上五年级。她
　　 Onun dersleri çok iyi. 　　　　的功课很好。

Emre: Mesut'un dersleri de çok iyi. 埃姆雷：梅苏特的功课也很好。
　　　 O çok başarılı bir öğrenci. 　　　　他是个很出色的学生。

Ali: Tanıştığımıza memnun oldum 阿　里：很高兴认识你，梅苏特。
　　 Mesut.

Mesut: Ben de memnun oldum Ali 梅苏特：我也很高兴认识你，阿
　　　　Abi. 　　　　里哥哥。

## 字母表　ALFABE

**Tanım** Dillerin başlıca seslerini yazıda karşılayan işaretlere alfabe denir. Türk alfabesinde 29 harf vardır.

**定义** 表示语言中基本发音的一套书面符号叫做字母表。土耳其语字母表中有29个字母。

| Büyük Harfler 大写字母 | A | B | C | Ç | D | E | F | G | Ğ | H | I | İ | J | K | L |
|---|---|---|---|---|---|---|---|---|---|---|---|---|---|---|---|
| Küçük Harfler 小写字母 | a | b | c | ç | d | e | f | g | ğ | h | ı | i | j | k | l |
| Harflerin okunuşu 字母读音 | A | Be | Ce | Çe | De | E | Fe | Ge | Yumuşak Ge | He | I | İ | Je | Ke | Le |
| Büyük Harfler 大写字母 | M | N | O | Ö | P | R | S | Ş | T | U | Ü | V | Y | Z | |
| Küçük Harfler 小写字母 | m | n | o | ö | p | r | s | ş | t | u | ü | v | y | z | |
| Harflerin okunuşu 字母读音 | Me | Ne | O | Ö | Pe | Re | Se | Şe | Te | U | Ü | Ve | Ye | Ze | |

# 第一课　您好，您叫什么名字？

KONU 1　MERHABA, ADINIZ NE?

Harfler sesli (ünlü) harfler ve sessiz (ünsüz) harflere iki gruba ayrılır: 字母被分为元音字母和辅音字母。

元音字母又分为后列元音和前列元音，或称厚元音和薄元音。辅音字母又分为硬辅音和软辅音。

Sesli (Ünlü) Harfler 元音字母：a, e, ı, i, o, ö, u, ü

Kalın ünlü harfler 后列元音：a, ı, o, u

İnce ünlü harfler 前列元音：e, i, ö, ü

Sessiz (Ünsüz) Harfler 辅音字母：b, c, ç, d, f, g, ğ, h, j, k, l, m, n, p, r, s, ş, t, v, y, z

Sert ünsüz harfler 硬辅音：f, s, t, k, ç, ş, h, p

Yumuşak ünsüz harfler 软辅音：b, c, d, g, ğ, j, l, m, n, r, v, y, z

**Sesli harflerin özellikleri　元音字母的不同性质**

|  | DÜZ展唇音 | | YUVARLAK圆唇音 | |
| --- | --- | --- | --- | --- |
|  | Geniş宽元音 | Dar窄元音 | Geniş宽元音 | Dar窄元音 |
| Kalın 厚（后）元音 | a | ı | o | u |
| İnce 薄（前）元音 | e | i | ö | ü |

**Not　提示**

Türçe'de "yumuşak g" ile başlayan kelime yoktur. 土耳其语中没有以ğ开头的单词。如：

　　dağ　　　　　　sağ

　　bağ　　　　　　sağlık

　　bağcı　　　　　 eğri

　　yağmur　　　　ağ

**Hece** Bir solukta çıkarılan ses veya ses birliği, seslem.

音节 一个元音或一个元音加上其前后的辅音构成的最小的语音基本单位。例如：

mer-ha-ba　tek　ka-lem　pen-ce-re　ta-mam　Türk-çe

## 元音和谐　ÜNLÜ UYUMU

### 1. Büyük ünlü uyumu　大元音和谐

Türkçe bir kelimenin ilk hecesinin ünlü harfi kalın ise ondan sonra gelen hecelerdeki ünlüler de kalın, eğer ince ise ondan sonraki hecelerdeki ünlüler de ince olur.

土耳其语的单词音节中的元音如果是厚元音（-a, -ı -o, -u），之后音节中的元音就都是厚元音；首个音节中的元音如果是薄元音（-e, -i, -ö -ü），之后音节中的元音也都是薄元音。

Büyük ünlü uyumuna göre seslerin sıralanışını şöyle gösterebiliriz. 大元音和谐规则见下表。

Kalın ünlüler　厚元音

| a→ a, ı | açık, araba, alçak |
|---|---|
| ı→ a, ı | ışık, sıra, ıslak |
| o→ a,u | okul , ocak |
| u→ a,u | uçak , uyun, uyku |

İnce ünlüler　薄元音

| e→ e, i | ekmek, eski, ıslak, ışık |
|---|---|
| i→ e, i | içki , çiçek, içecek |
| ö→ e, ü | özel , örnek, öykü |
| ü→ e, ü | ülke, ünlü, üçgen, ütü |

### Örnekler　示例

nasılsınız, oturmak, kalın, arkadaş

dinlemek, örnekleme, geceler, kelime, gitmek

# 第一课 您好，您叫什么名字？
## KONU 1　MERHABA, ADINIZ NE?

**Not　提示**

Büyük ünlü uyumuna uymayan sözcükler　不符合大元音和谐规则的情况：

1. Yabancı dillerden Türkçeye geçen bazı sözcüklere gelen ekler, büyük ünlü uyumuna uymaz.　有些外来词不符合大元音和谐规则。例如：

sinema　tiyatro　metal　opera　saat　emsal　dikkat

2. Türkçe oldukları halde büyük ünlü uyumuna uymayan birkaç sözcük vardır. Bu sözcüklerden bazıları başlangıçta kurala uydukları halde, sonradan değişikliğe uğramıştır.　有些土耳其本土词语在历史演变中发生了变化，最终不符合大元音和谐规则。例如：

anne (ana)　kardeş (kardaş, karındaş)　elma (alma)　hangi (hangı)　dahi　şişman　inanmak

3. Bileşik sözcüklerde büyük ünlü uyumu aranmaz.　有些复合词不符合大元音和谐规则。例如：

karabiber　başkent　Karadeniz　güneybatı　karagöz

## 2. Küçük ünlü uyumu　小元音和谐

Türkçe kelimelerin ilk hecesinde düz bir ünlü (-a ,-e, -ı -i) varsa, sonraki hecelerde de düz ünlü (-a, -e, -ı, -i) bulunur. Türkçe kelimelerin ilk hecesinde yuvarlak ünlü (-o,-ö, -u, -ü) varsa sonraki hecelerde ya dar yuvarlak (-u, -ü) ya da düz geniş (-a, -e) ünlü bulunur. Yani yuvarlak ünlülerden sonra, dar yuvarlak ya da geniş düz ünlüler gelir.

土耳其语单词首个音节中的元音如果是展唇元音（-a, -e, -ı, -i），其后的音节中的元音就是展唇元音。首个音节中的元音如果是圆唇元音（-o, -ö, -u, -ü），其后的音节中的元音是圆唇窄元音（-u, -ü）或展唇宽元音（-a, -e）。

# 初级土耳其语语法（上册）

Küçük ünlü uyumuna göre seslerin sıralanışını şöyle gösterebiliriz.
小元音和谐规则见下表。

Düz ünlülerden sonra　　展唇元音之后

| a → a, ı | anlam, açık |
| --- | --- |
| e → e, i | elemek , eğitim |
| ı → a, ı | ısmarlamak, ısınmak |
| i → e, i | izlemek, izin |

Yuvarlak ünlülerden sonra　　圆唇元音之后

| o → a, u | oynamak, okul |
| --- | --- |
| ö → e, ü | öğretmen, öğüt |
| u → a, u | uyanmak, uyku |
| ü → e, ü | üretmek, ütü |

**Örnekler**　示例

kayıkçı, erik, anlaşmak, sevinç
gözlükçü, susuzluk, büyük, güzel

**Not**　提示

1. Türkçe sözcüklerde o, ö sesleri yalnızca birinci hecede bulunur. Birinci heceden sonra o, ö sesleri bulunan sözcükler, Türkçeye yabancı dillerden geçmiştir.

元音 o, ö 通常只会出现在土耳其语的首个音节中，否则是外来词。如：

horoz　alkol　radyo　doktor　konsolos　aktör　profesör　rektör

2. Türkçe sözcüklerde o, ö, u, ü sesleri ile ı, i sesleri bir arada bulunmaz. Bu ünlülerin bir arada bulunduğu sözcükler yabancıdır:

# 第一课　您好，您叫什么名字？
## KONU 1　MERHABA, ADINIZ NE?

元音 o, ö, u, ü 和 ı 通常不会出现在相连音节中，否则是外来词。如：

ümit　mühim　hürriyet　jüri　enstitü

## 练习　ALIŞTIRMALAR

**1. Aşağıdaki kelimelerden hangileri büyük ünlü uyumuna uymaz?　下列单词哪个不符合大元音和谐规律？**

☐ elma　　　☐ geliyor　　　☐ merhaba

☐ anne　　　☐ hangi　　　☐ kitap

☐ kardeş　　☐ defter　　　☐ siliyor

☐ kalem

**2. Aşağıdaki kelimelerden hangileri küçük ünlü uyumuna uymaz?　下列单词哪个不符合小元音和谐规律？**

☐ armut　　　☐ kömür　　　☐ diyor

☐ üzüm　　　☐ yağmur　　　☐ alıyor

**3. Aşağıdaki bilgilerden doğru olanın başına "D"; yanlış olanın başına "Y" yazınız.　请在下列正确的句子前面写"D"（Doğru），错误的写"Y"（Yanlış）。**

(1) (　) "Arkadaş" kelimesi büyük ünlü uyumuna uyar.

(2) (　) "Geliyor" kelimesi küçük ünlü uyumuna uyar.

(3) (　) "İyi" kelimesi büyük ünlü uyumuna uyar.

(4) (　) "Büyük" kelimesi küçük ünlü uyumuna uyar.

4. Aşağıdaki boşlukları uygun harflerle doldurunuz.  请按照字母顺序填空。

A,B, ____, ____, D, ____, ____, ____, Ğ, ____, ____, ____, J, K, L, M, N, ____, ____, P, R, S, ____, T, ____, ____, ____, Y, ____

5. Aşağıdaki kelimelerin sesli ve sessiz harflerini uygun boşluklara yazınız.  请在下列空格处写出单词中的元音和辅音。

| Örnek: | Sesli Harf | Sessiz harf |
|---|---|---|
| fatih | a, i | f, t, h |
| müdür | _____ | _____ |
| kalem | _____ | _____ |
| okul | _____ | _____ |
| öğretmen | _____ | _____ |
| sınıf | _____ | _____ |

6. Aşağıdaki boşluklara küçük harfleri yazınız.  请在下列空格处写出下列字母的小写字母。

A____   B____   C____   Ç____   D____
E____   F____   G____   Ğ____   H____
I____   İ____   J____   K____   L____
M____   N____   O____   Ö____   P____
R____   S____   Ş____   T____   U____
Ü____   V____   Y____   Z____

第一课　您好，您叫什么名字？
KONU 1　MERHABA, ADINIZ NE?

## 人称代词　ŞAHIS ZAMİRLERİ

**Tanım** Şahısların yerini tutan kelimelere şahıs zamirleri denir.
**定义** 指代人的词语叫做人称代词。

**Örnek diyalog**　对话示例

| | |
|---|---|
| Ali: Merhaba Oğuz. | 阿　里：你好，奥古兹。 |
| Oğuz: Merhaba Ali. | 奥古兹：你好，阿里。 |
| Ali: Nasılsın? | 阿　里：你好吗？ |
| Oğuz: Teşekkür ederim. İyiyim. Sen nasılsın? | 奥古兹：谢谢。我很好，你呢？ |
| Ali: Ben de iyiyim. | 阿　里：我也很好。 |

Şahıs zamirleri　人称代词（主格）

| | |
|---|---|
| Tekil Şahıs 单数第一人称代词 | Ben 我 |
| Tekil Şahıs 单数第二人称代词 | Sen 你 |
| Tekil Şahıs 单数第三人称代词 | O 他/她/它 |
| Çoğul Şahıs 复数第一人称代词 | Biz 我们 |
| Çoğul Şahıs 复数第二人称代词 | Siz 你们/您 |
| Çoğul Şahıs 复数第三人称代词 | Onlar 他们/她们/它们 |

**Kullanımı**　用法

1. Aynı yaştakiler, birbirine seslenirken "sen" şahıs zamirini kullanır. 称呼同龄人时，以sen（你）相称。

**Örnek diyalog**　对话示例

Ali: Nasılsın Ayşe?　　　　　阿　里：你好吗，阿伊莎？

Ayşe: Teşekkür ederim. Sen nasılsın?　　　阿伊莎：谢谢（我很好），你呢？

Ali: Ben de iyiyim.　　　阿　里：我也很好。

2. Büyükler küçüklere seslenirken "sen" şahıs zamirini kullanır. 长称呼幼、上对下用sen（你）。

**Örnek diyalog**　对话示例

Aykut: Aydın amca nasılsınız?　　　艾库特：艾登叔叔，您好吗?

Aydın: Teşekkür ederim. İyiyim. Sen nasılsın?　　　艾　登：谢谢，我很好，你呢？

Aykut: Ben de iyiyim.　　　艾库特：我也很好。

3. Küçükler büyüklere seslenirken "siz" şahıs zamirini kullanır. 幼称呼长、下对上用siz（您）。

**Örnek diyalog**　对话示例

Tayfun bey : Merhaba Serdar.　　　塔伊丰先生：你好，塞尔达尔。

Serdar: Merhaba Tayfun Bey.　　　塞尔达尔：您好，泰丰先生。

Tayfun bey: Nasılsın?　　　塔伊丰先生：你好吗？

Serdar: Teşekkür ederim, iyiyim. Siz nasılsınız?　　　塞尔达尔：谢谢，我很好，您呢？

Tayfun bey: Teşekkür ederim. Ben de iyiyim.　　　塔伊丰先生：谢谢，我也很好。

# 第一课　您好，您叫什么名字？
## KONU 1　MERHABA, ADINIZ NE?

4. Küçükler büyüklere seslenirken "siz" şahıs zamirini kullanır. Aynı yaştaki büyükler birbirlerine seslenirken "siz" şahıs zamirini kullanır. 成人之间用siz（您）相称，以示尊重（常称为XX先生或女士）。

**Örnek diyalog**　对话示例

Arif Bey: Merhaba Berna Hanım.　　阿里夫先生：您好,贝尔纳女士。
Berna Hanım: Merhaba Arif Bey.　　贝尔纳女士：您好,阿里夫先生。
Arif Bey: Nasılsınız?　　阿里夫先生：您好吗?
Berna Hanım: Teşekkür ederim.　　贝尔纳女士：谢谢，我很好。
　　İyiyim. Siz nasıl-　　　　您呢?
　　sınız?
Arif Bey: Teşekkür ederim. Ben　　阿里夫先生：谢谢，我也很好。
　　de iyiyim.

5. Adı geçen kişi yerine "o" zamiri kullanılır. 指代之前提过的人用 o（他/她）。

**Örnek diyalog**　对话示例

Derya: Alo, Okan Bey nasılsınız?　　戴尔亚：喂，奥坎先生您好吗?
Okan Bey: Teşekkür ederim. İyi-　　奥坎先生：谢谢，我很好，你呢?
　　yim. Sen nasılsın?
Derya: Teşekkür ederim. Ben de　　戴尔亚：谢谢，我也很好，艾哈
　　iyiyim. Ahmet nasıl?　　　　迈德怎么样呢?
Okan Bey: O da iyi.　　奥坎先生：他也很好。

## 练习　ALIŞTIRMALAR

**1. Aşağıdaki diyalogları tamamlayınız.** 请完成下列对话。

**Diyalog 1**

Ali: Günaydın Ayşe?

Ayşe: _____ Ali.

Ali: Nasılsın?

Ayşe: _____ Sen nasılsın?

Ali: _____ _____ _____

**Diyalog 2**

Ahmet: _____ Ayla.

Ayla: Merhaba Ahmet.

Ahmet: _____

Ayla: Teşekkür ederim. _____ _____?

Ahmet: Ben de iyiyim.

**Diyalog 3**

Salih: İyi geceler Leyla.

Leyla: _____

Salih: ._____?

Leyla: _____ _____ _____?

Salih: _____ _____

**Diyalog 4**

Ali Bey: Merhaba Salih.

Salih: Merhaba Ali bey.

Ali Bey: _____?

Salih: Teşekkür ederim. İyiyim. Siz nasılsınız?

Ali Bey: Sağ ol. Ben de iyiyim.

## 第一课　您好，您叫什么名字？
### KONU 1　MERHABA, ADINIZ NE?

**2. Aşağıdaki boşlukları uygun şahıs zamirleriyle doldurunuz.** 请在下列空格处填写上合适的人称代词。

(1) Sen nasılsın?_____　　　Ben iyiyim.

(2) _____ nasıl?　　　_____ iyi.

(3) _____ nasıllar?　　　_____ iyiler.

(4) _____ nasılsınız?　　　_____ iyiyiz.

**3. Aşağıdaki kelimeleri eşleştiriniz.** 请搭配下列单词连线。

A. Biz　　　　　　a. iyisin

B. Siz　　　　　　b. iyiler

C. Ben　　　　　　c. iyiyim

D. Onlar　　　　　d. iyiyiz

E. O　　　　　　　e. iyisiniz

F. Sen　　　　　　f. iyi

## 物主代词及领属性词缀
## İYELİK ZAMİRLERİ VE İYELİK EKLERİ

**Tanım** Nesnenin bir şahsa veya nesneye ait olduğunu belirten eklere iyelik (zamiri) ekleri denir.

**定义** 加在名词词尾表示名词所属关系的词缀是领属性词缀。

人称代词、物主代词和名词的领属性词缀对应如下：

## 初级土耳其语语法（上册）

|  | Şahıs Zamirleri<br>人称代词（主格） | İyelik Zamirleri<br>物主代词 | Şahıs İyelik Ekleri<br>名词的领属性词缀 |
|---|---|---|---|
| Birinci Tekil<br>第一人称单数 | Ben 我 | Benim 我的 | -(ı)m*, -(i)m, -(u)m, -(ü)m |
| İkinci Tekil<br>第二人称单数 | Sen 你 | Senin 你的 | -(ı)n, -(i)n, -(u)n, -(ü)n |
| Üçüncü Tekil<br>第三人称单数 | O 她/他/它 | Onun 她/他/它的 | -(s)ı, -(s)i, -(s)u, -(s)ü |
| Birinci Çoğul<br>第一人称复数 | Biz 我们 | Bizim 我们的 | -(ı)mız, -(i)miz, -(u)muz, -(ü)müz |
| İkinci Çoğu<br>第二人称复数 | Siz 你们 | Sizin 你们的 | -(ı)nız, -(i)niz, -(u)nuz, -(ü)nüz |
| Üçüncü Çoğul<br>第三人称复数 | Onlar 他/她/它们 | Onların 他/她/它们的 | -ları, -leri |

**Yapılışı** İyelik Zamirleri + İsim + İyelik Ekleri

**构成** 物主代词+名词+领属性词缀

Onların  çanta-ları   öğretmen-leri

领属性词缀用何元音，应遵循大元音和谐规则。

带领属性词缀的名词变化如下表：

Büyük ünlü uyumu

大元音和谐  a,ı→ı e,i→i o,u→u ö,ü→ü

---

\* 因为土耳其语单词中通常不会有双辅音、双元音，因此当添加后缀时，若词尾和后缀首字母同为辅音或元音，则需要在其间加入辅助音（Kaynaştırma Harfleri，见第5课），上表括号中的字母即是。

# 第一课  您好，您叫什么名字？
## KONU 1  MERHABA, ADINIZ NE?

| Büyük ünlü uyumu 大元音和谐 | a,ı→ı | | e,i→i | | o,u→u | | ö,ü→ü | |
|---|---|---|---|---|---|---|---|---|
| Son harfi 名词结尾 | Sesli 元音 | Sessiz 辅音 | Sesli 元音 | Sessiz 辅音 | Sesli 元音 | Sessiz 辅音 | Sesli 元音 | Sessiz 辅音 |
| Benim | arabam | adım | annem | kardeşim | paltom | okulum | ütüm | köyüm |
| Senin | araban | adın | annen | kardeşin | palton | okulun | ütün | köyün |
| Onun | arabası | adı | annesi | kardeşi | paltosu | okulu | ütüsü | köyü |
| Bizim | arabamız | adımız | annemiz | kardeşimiz | paltomuz | okulumuz | ütümüz | köyümüz |
| Sizin | arabanız | adınız | anneniz | kardeşiniz | paltonuz | okulunuz | ütünüz | köyünüz |
| Onların | arabaları | adları | anneleri | kardeşleri | paltoları | okulları | ütüleri | köyleri |

**Örnek diyalog**　对话示例

Erol: Bu senin çantan mı?　　　　埃罗尔艾诺：这是你的书包吗？
Ali: Evet, bu benim çantam.　　　 阿里：是的，这是我的书包。
Murat: Bu senin silgin mi?　　　　穆拉特：这是你的橡皮吗？
Yasemin: Hayır, bu benim silgim　亚塞明：不是，这不是我的橡皮。
değil.

## 练习　ALIŞTIRMALAR

1. Aşağıdaki isimlere uygun iyelik ekleri getiriniz.　请为下列名词填写合适的领属性词缀。

   (1) Benim araba_____　　　(2) Senin baba_____
   (3) Onun tahta_____　　　 (4) Bizim gazete_____
   (5) Sizin silgi_____　　　 (6) Onların perde_____
   (7) Benim kalem_____　　　(8) Senin sınıf_____

(9) Onun telefon_____    (10) Bizim ders_____
(11) Sizin öğretmen_____    (12) Onların defter_____

2. **Aşağıdaki isimleri iyelik ekleriyle ve uygun kelimelerle tamamlayınız.** 请用名词的领属性词缀和合适的单词完成下列句子。

(1) A: Telefon numara _____ kaç?
　　B: Telefon numara _____ _____.
(2) A: Doğum tarihi _____ kaç?
　　B: Doğum tarihi _____ _____.
(3) A: Senin dede _____ kaç yaşında.
　　B: _____dedem 65 yaşında?
(4) A: Kaç kardeşin var?
　　B: _____.
(5) A: Sen _____ ad _____ ne?
　　B: Ben _____ ad _____ Salih.
(6) A: Okul numara _____ kaç?
　　B: Okul numara _____ _____.

3. **Aşağıdakileri eşleştiriniz.** 请连线。

　　A. Bizim çanta　　　　a. -ları
　　B. Senin silgi　　　　b. -unuz
　　C. Onun ayakkabı　　　c. -mız
　　D. Sizin okul　　　　 d. -sı
　　E. Onların araba　　　e. -n

4. **Aşağıdaki sorularla cevapları eşleştiriniz.** 请搭配下列问题并回答。

　　A. Adın Ali mi?　　　　　a. Evet, benim dedem.
　　B. Okul numaran kaç　　　b. Benim adım Gül.

# 第一课 您好,您叫什么名字?
## KONU 1 MERHABA, ADINIZ NE?

C. Şu, senin deden mi?  
D. Bu, sizin arabanız mı?  
E. Adın ne?

c. Evet, adım Ali.  
d. 178.  
e. Hayır, bizim arabamız değil.

5. **Aşağıdaki sorulara örnekteki gibi olumlu ve olumsuz olarak cevaplar veriniz.** 请仿照下列示例问题做出肯定和否定的回答。

**Örnek:**

A: Bu, senin kalemin mi?

B: Evet, benim kalemim.

B: Hayır, benim kalemim değil.

(1) A: Onlar, senin arkadaşların mı?
   B: _____.
   B: _____.

(2) A: O, senin araban mı?
   B: _____.
   B: _____.

(3) A: Bu, Ali'nin kardeşi mi?
   B: _____.
   B: _____.

(4) A: Senin kalemin mavi mi?
   B: _____.
   B: _____.

(5) A: Fuat'ın bisikleti güzel mi?
   B: _____.
   B: _____.

(6) A: Onun kedisi var mı?
   B: _____.
   B: _____.

(7) A: Şu, senin baban mı?
   B: _____.
   B: _____.

(8) A: Sizin daireniz ikinci katta mı?
   B: _____.
   B: _____.

(9) Onların arkadaşları çalışkan mı?
   B: _____.
   B: _____.

(10) Ali'nin saçları uzun mu?
   B: _____.
   B: _____.

**6. Aşağıdaki soruları cevaplayınız.** 请回答下列问题。

(1) Senin araban var mı?
    Evet, _____.

(2) Sizin eviniz kaçıncı katta?
    _____.

(3) Bu kalem senin mi?
    _____.

(4) Onların telefonları var mı?
    Evet, _____.

(5) Çocukların topu nerede?
    _____.

(6) Baban nerede?
    _____.

(7) Kitabın çantanda mı?
    _____.

(8) Derslerin nasıl?
    _____.

(9) Haftanın günleri hangileridir?
    _____.

(10) Babanın mesleği ne?
    _____.

# 第二课　这是什么？
## KONU 2　BU NE?

İşaret Zamirleri　指示代词
Soru Zamirleri　疑问代词
İsimlerde Olumsuzluk　名词的否定形式
Çoğul Eki　复数形式
Emir Kipi　命令式

Murat: Merhaba Veli.　　　　　　穆拉特：你好，韦利。

Veli: Merhaba Murat. Hoşgeldin. 韦　利：你好，穆拉特。欢迎，请
　　　Buyur içeri gel.　　　　　　　　　　进。

Murat: Hoşbulduk.　　　　　　　穆拉特：谢谢。

Veli: Gel benim odama geçelim.　韦　利：来，咱们到我房间去吧。

Murat: Bu kim?　　　　　　　　穆拉特：这是谁？

Veli: O benim kız kardeşim Yase-　韦　利：她是我的妹妹亚塞明。
　　　min.

Murat: Tanıştığımıza memnun oldum.　穆拉特：很高兴认识你。

Yasemin: Ben de memnun oldum.　亚塞明：我也很高兴。

Veli: Bizim sınıftaki arkadaşlarla　韦　利：我们班同学拍了合影，来
　　　fotoğraf çektirdik, gel birlikte　　　　一起看看吧。
　　　bakalım.

Murat: Tamam, olur.  穆拉特：好的，成。

Veli: Çantanı şu masanın üstüne bırak. Mantonu da şu askıya as.  韦 利：把包放在那张桌子上，外套就挂在那个衣架上吧。

Murat: Bu ajanda mı?  穆拉特：这是日程表吗？

Veli: Hayır, o ajanda değil. O, bir albüm.  韦 利：不，它不是日程表。它是相册。

Murat: Arkadaşlarının resimleri var mı? Merak ediyorum.  穆拉特：有你同学的照片吗？我很感兴趣。

Veli: Evet, işte burada. Bunlar, benim sınıf arkadaşlarım.  韦 利：好，就在这儿。这些是我班上的同学。

Murat: Şu kim?  穆拉特：那是谁？

Veli: O Hakan. Benim sıra arkadaşım.  韦 利：他是哈坎，我的同桌。

Murat: Bu Ali mi?  穆拉特：这是阿里吗？

Veli: Hayır, o Ali değil, Fatih.  韦 利：不，他不是阿里，是法提赫。

Murat: Bu fotoğraflar çok güzel.  穆拉特：这些照片非常棒。

Veli: Evet. Arkadaşlarım da çok iyidir.  韦 利：是啊。我的同学们都非常好。

## 指示代词　İŞARET ZAMİRLERİ

**Tanım** Varlıkları işaret yoluyla karşılayan kelimelerdir. İşaret zamirleri şunlardır:

**定义** 指代实物的词。指示代词有如下几种：

## 第二课  这是什么？
KONU 2  BU NE?

**1. Tekil İşaret Zamirleri: tek varlığı işaret eden zamirlerdir.**

单数指示代词：指向单个实物的代词。

Bu: Söz söyleyene göre yakında bulunan varlığı işaret eder.

这：指代说话者近处的实物。

Şu: Söz söyleyene göre biraz uzaktaki varlığı işaret eder.

那：指代离说话者稍远的实物。

O: Söz söyleyene göre daha uzakta bulunan varlığı işaret eder.

那：指代离说话者更远的实物。

**Örnekler  示例**

| | |
|---|---|
| Bu ne? Bu, cetvel. | 这是什么？这是尺子。 |
| O ne? O, sandalye. | 那是什么？那是椅子。 |
| Şu kim? Şu. öğrenci | 那是谁？那是学生。 |
| Şu ne? Şu, teyp. | 那是什么？那是磁带。 |
| Bu kim? Bu, Ali Bey. | 这是谁？这是阿里先生。 |
| O kim? O, Ahmet. | 那是谁？那是艾哈迈德。 |
| Bu, kuş mu? | 这是鸟吗？ |
| Bu, elma mı? | 这是苹果吗？ |
| O, okul mu? | 那是学校吗？ |
| Bu, askı mı? | 这是衣架吗？ |
| O, baban mı? | 那是你爸爸吗？ |
| O, gözlük mü? | 那是眼镜吗？ |
| Şu, ekmek mi? | 那是面包吗？ |
| Bu, sözlük mü? | 这是字典吗？ |
| Bu, Ahmet mi? | 这是艾哈迈德吗？ |
| Şu, çocuk mu? | 那是孩子吗？ |

**2. Çoğul işaret zamirleri: birden fazla varlığı işaret eden zamirlerdir.**
复数指示代词：指代多个实物的代词。

Bunlar: Söz söyleyene göre yakında bulunan varlıkları işaret eder.
这些：指代说话者近处的多个实物。

Şunlar: Söz söyleyene göre biraz uzaktaki varlıkları işaret eder.
那些：指代离说话者稍远的多个实物。

Onlar: Söz söyleyene göre daha uzakta bulunan varlıkları işaret eder.
那些：指代离说话者更远的多个实物。

**Örnekler** 示例

| | |
|---|---|
| Bunlar, gözlük mü? | 这些是眼镜吗？ |
| Şunlar, silgi mi? | 那些是橡皮吗？ |
| Bunlar, gül mü? | 这些是玫瑰吗？ |
| Onlar defter mi? | 那些是本子吗？ |
| Bunlar ne? -Bunlar kalem. | 那些是什么？——那些是笔。 |
| Şunlar ne? -Şunlar araba. | 那些是什么？——那些是汽车。 |
| Onlar ne? -Onlar tebeşir. | 那些是什么？——那些是粉笔。 |
| Bunlar kim? -Bunlar öğrenci. | 这些人是谁？——这些人是学生。 |
| Şunlar kim? -Şunlar Ali, Esra ve Ayşe. | 那些人是谁？——那些人是阿里、艾斯拉和阿伊莎。 |
| Onlar kim? -Onlar öğretmen. | 那些人是谁？——那些人是老师。 |

A: Bu ne?　这是什么？
B: Bu, köpek.　这是狗。
A: Bu kim?　这是谁？
B: Bu, Ayşe.　这是阿伊莎。

A: Bu köpek mi?　这是狗吗？
B: Evet, köpek.　对，这是狗。
A: Bu Ayşe mi?　这是阿伊莎吗？
B: Evet, bu Ayşe.　对，这是阿伊莎。

## 第二课 这是什么？
### KONU 2 BU NE?

A: O kim? 那是谁？

B: O, öğretmen. 那是老师。

A: Bunlar ne? 这些是什么？

B: Bunlar, fincan. 这些是杯子。

A: Şunlar kim? 那些人是谁？

B: Şunlar, doktor. 那些人是医生。

A: Onlar kim? 那些人是谁？

B: Onlar, mühendis. 那些人是工程师。

A: O öğretmen mi? 那是老师吗？

B: Evet, o öğretmen. 对，那是老师。

A: Bunlar fincan mı? 这些是杯子吗？

B: Evet, bunlar fincan. 对，这些是杯子。

A: Şunlar doktor mu? 那些人是医生吗？

B: Evet, şunlar dokor. 对，那些人是医生。

A: Onlar mühendis mi? 那些人是工程师吗？

B: Evet, onlar mühendis. 对，那些人是工程师。

**Dikkat** 注意

1. Aşağıda iki tarafta verilen cümleler aynı anlamdadır. 以下等号两边的句意相同。

| Bu ne? | = | Bu, nedir? |
| Bunlar ne? | = | Bunlar, nedir? |
| Bu kim? | = | Bu, kimdir? |
| Bunlar kim? | = | Bunlar, kimdir? |

2. Aşağıda sorulan sorulara iki çeşit cevabı verilebilir. 以下问句可以有两种回答。

Şu ne?            Şu, kutu. / O, kutu.

Şunlar ne?  Şunlar, meyve. / Onlar, meyve.
Şu kim?  Şu, Tarık. / O, Tarık.
Şunlar kim?  Şunlar, komşu. / Onlar, komşu.

## 练习　ALIŞTIRMALAR

**1. Aşağıdaki boşlukları doldurunuz.**　填空。

(1) Bu ne?　　(2) _____ (sıra)　　(3)_____(çocuk)

　　Bu lamba.　　　_____　　　　　　_____

**2. Aşağıdaki cevaplara uygun sorular yazınız.**　请根据回答写出相应的问句。

(1) Bu _____? Bu, Ali.

(2) Şu _____? Şu, perde.

(3) Bu _____? Bu, bilgisayar.

(4) O _____? O, kardeşim Mehmet.

(5) Bu _____? Bu, Ali.

**3. Aşağıdaki kelimeleri eşleştiriniz.**　连线。

A. Bu　　　　　a. Şunlar

B. Şu　　　　　b. Onlar

C. O　　　　　c. Bunlar

**4. Aşağıdaki cevaplara uygun sorular yazınız.**　请根据回答写出相应的问句。

(1) _____?　　　　(2) _____?

　　Evet, eldiven.　　　　　　　Evet, çilek.

KONU 2  BU NE?

(3) _____?          (4) _____?
   Evet, silgi.                  Evet, dağ.
(5) _____?          (6) _____?
   Evet, çay.                   Evet, göl.

5. Aşağıdaki soruları örnekteki gibi cevaplayınız.  请仿照示例回答下列问题。

   Örnek: Ben öğrenci miyim?      Evet, sen öğrencisin.
   (1) Sen dikkatli misin?        Evet, ben _____
   (2) O üzgün mü?                Evet, o _____
   (3) Biz yolcu muyuz?           Evet, _____
   (4) Siz aşçı mısınız?          Evet, _____
   (5) Onlar postacı mı?          Evet, _____

6. Aşağıdaki boşluklara uygun soru ekleri yazınız.  请填写合适的疑问语气助词。

   (1) Bu, pencere _____?    (2) Bu, koltuk _____?
   (3) Bu, teyp _____?       (4) Şu, muhasebeci _____?
   (5) O, Orhan _____?       (6) O, Sadık _____?
   (7) Bu, tabak _____?     (8) Bu, televizyon _____?
   (9) O, havlu _____?      (10) O, gözlük _____?
   (11) Şu, güneş _____?    (12) Bu, otobüs _____?
   (13) O, sandalye _____?  (14) Şu, müdür _____?

7. Aşağıdaki soruları cevaplayınız.  请回答下列问题。

   (1) Bunlar defter mi? (kitap)
   _____

(2) Onlar çanta mı? (çanta)
_____

(3) Onlar kitap mı? (defter)
_____

(4) Şunlar komşu mu? (komşu)
_____

(5) Onlar futbolcu mu? (voleybolcu)
_____

## 疑问代词　SORU ZAMİRLERİ

**Tanım** İsimlerin yerini soru yoluyla tutan kelimelere soru zamirleri denir. Soru zamiri olan kelimeler "Kim"ve "Ne"dir.

**定义** 代指疑问句中所指名词的词即是疑问代词。疑问代词是 kim（谁）和 ne（什么）。

**Kullanımı** 用法

1. Kim（谁）："Kim" soru zamiri insanlar için kullanılır. 用来指代人。

**Örnekler** 示例

—Bu kim? 这是谁?　—Bu kim? 这是谁?　—Bu kim? 这是谁?
—Öğretmen. 这是老师。　—Öğrenci. 这是学生。　—Ali. 这是阿里。

2. Ne（什么）："Ne" soru zamiri insan dışındaki varlıklar için kullanılır. 用来代指人之外的事物。

## 第二课 这是什么？
### KONU 2　BU NE?

**Örnekler**　示例

—Bu ne? 这是什么？　　—Bu ne? 这是什么？　　—Bu ne? 这是什么？
—Sandalye. 这是椅子。　—Köpek. 这是狗。　　—Cetvel. 这是尺子。

## 练习　ALIŞTIRMALAR

1. Aşağıdaki boşlukları şıklarda verilen uygun kelime ile doldurun.　选词完成对话。

   (1) A: Bu kim?　　　　　B: Bu _____

   　A) Kedi.　　　　　　B) Cetvel.

   　C) Çöp kutusu.　　　 D) Öğrenci.

   (2) A: Bu ne?　　　　　 B: Bu _____

   　A) Müdür Bey.　　　 B) Mustafa Bey.

   　C) Ayna.　　　　　　D) Babam.

   (3) A: Bu kimdir?　　　 B: Bu _____

   　A) Komşu.　　　　　B) İnek.

   　C) Ayakkabı.　　　　D) Bilgisayar.

   (4) A: _____　　　　　B: Bu tebeşir.

   　A) Bu kimdir?　　　 B) Bu ne?

   　C) Bunlar ne?　　　 D) Bunlar kim?

## 名词的否定形式　İSİMLERDE OLUMSUZLUK

**Tanım** İsimlerde olumsuzluk "değil" kelimesi ile yapılır.

定义 用"değil"来表达名词的否定式。

Tükçede "mi" soru cümlesine karşılık "Evet ve Hayır"şeklinde cevap verilir.　土耳其语中用Evet（是）和Hayır（不是）来回答一般疑问句。

**Örnekler  示例**

    A: Bu kitap mı?  　　　　　　A：这是书吗？

    B: Hayır, bu kitap değil.  　　　B：不，这不是书。

    A: Bu, pencere mi?  　　　　　A：这是窗户吗？

    B: Hayır, bu pencere değil.  　　B：不，这不是窗户。

**Kullanım  用法**

| OLUMLU 肯定 | OLUMSUZ 否定 |
| --- | --- |
| Bu, defter. | Bu, defter değil. |
| Şu, kitap. | Şu, kitap değil. |
| O, sıra. | O, sıra değil. |
| Bunlar ağaç. | Bunlar ağaç değil. |
| Şunlar araba. | Şunlar araba değil. |
| Onlar ev. | Onlar ev değil. |

**Not  提示**

Olumlu cümleler çeşitli eklerden yada kelimelerden yararlanılarak olumsuz hale getirilir.  可以用下列几种词缀或词语将肯定句变为否定句。

  1. 表示没有的单词　yok

    Sınıfta yüz alan öğrenci yok.　班里没有得一百分的学生。

    Yanında hiç parası yokmuş.　　他身上没有钱。

  2. 表示没有的后缀　-sız / -siz / -suz / -süz

    Ben bahçesiz evde oturmam.　　我不会住在没有院子的房子里。

    Sınıfta gözlüksüz öğrenci yok.　在班级里没有不戴眼镜的学生。

## 第二课 这是什么？
### KONU 2 BU NE?

3. 表示否定的单词　değil

　　Bu kış havalar çok soğuk değil. 这个冬天不是很冷。

　　Sizden istediğim bu kitap değildi. 我跟您要的不是这本书。

## 练习　ALIŞTIRMALAR

1. Aşağıdaki sorular cevaplayınız.　请用括号中提供的单词回答下列问题。

　　(1) Bu bardak mı? (Sürahi)
　　　　Hayır, _____

　　(2) Şu, otobüs mü? (Uçak)
　　　　Hayır, _____

　　(3) O, radyo mu? (Televizyon)
　　　　Hayır, _____

　　(4) O, ev mi? (Apartman, bina)
　　　　Hayır, _____

　　(5) Bunlar, şemsiye mi? (Cibinlik)
　　　　Hayır, _____

　　(6) O, basketbolcu mu? (futbolcu)
　　　　Hayır, _____

　　(7) O, sekreter mi? (tenisci)
　　　　_____ değil.

　　(8) Şunlar, kağıt mı? (para)
　　　　_____ değil.

　　(9) Şu, palto mu? (gömlek)
　　　　_____ değil.

　　(10) A: O üzgün mü?
　　　　 B: Hayır, _____
　　　　 Evet, _____

　　(11) A: Biz çalışkan mıyız?
　　　　 B: Hayır, _____
　　　　 Evet, _____

　　(12) A: Siz yorgun musunuz?
　　　　 B: Hayır, _____
　　　　 Evet, _____

　　(13) A: Onlar, arkadaş mı?
　　　　 B: Hayır, _____

　　(14) A: Onlar, öğrenci mi?
　　　　 B: Hayır, _____

　　(15) A: Onlar, işçi mi?
　　　　 B: Evet, _____

## 复数形式 ÇOĞUL EKİ

**Tanım** Türkçede birden fazla varlığı ifade etmek için "-lar, -ler" çoğul eki kullanılır. Kelimenin son hecesinde kalın sesli harf (a, ı, o, u) varsa "-lar"; kelimenin son hecesinde ince sesli harf (e, i, ö, ü) varsa "-ler" şeklinde yazılır.

**定义** 土耳其语数量大于一的事物用复数词缀-lar和-ler表示复数。按照元音和谐规则，如果词语最后一个音节中的元音是厚元音（a, ı, o, u）则用 -lar；如果词语最后一个音节中的元音是薄元音（e, i, ö, ü）则用 -ler。

末音节元音与复数后缀对应表

| e, i, ö, ü → -ler | | a, ı, o, u → -lar | |
| --- | --- | --- | --- |
| tekil | çoğul | tekil | çoğul |
| tebeşir | tebeşir-ler | masa | masa-lar |
| pencere | pencere-ler | balık | balık-lar |
| çiçek | çiçek-ler | çocuk | çocuk-lar |
| resim | resim-ler | televizyon | televizyon-lar |
| mühendis | mühendis-ler | tabak | tabak-lar |
| işçi | işçi-ler | doktor | doktor-lar |

## 练习 ALIŞTIRMALAR

1. Aşağıdaki boşluklara uygun çoğul ekleri yazınız. 请在空白处填入适当的复数后缀。

  (1) Araba _____   (2) Ördek _____

  (3) Elma _____   (4) Kapı _____

# 第二课　这是什么？
## KONU 2　BU NE?

(5) Silgi _____　　(6) Sınıf _____
(7) Sözlük _____　　(8) Öğrenci _____
(9) Defter _____

## 命令式　EMİR KİPİ

**Tanım** Bir eylemin yapılmasını emrederken kullanılan kiptir.
**定义** 动词用来表示命令、要求等语气的形式叫做动词命令式。

**Yapılışı** Fiil (+olumsuz eki) + emir kipi eki
**构成** 动词（+否定词缀）+命令式词缀

Emir kipi ekleri fiillere şu şekilde gelir　　动词命令式词缀与人称对应表

| | |
|---|---|
| ben | - |
| sen | Çekimi var ama eki yoktur.<br>动词发生变位，但不加后缀。 |
| o | -sın, -sin, -sun, -sün |
| biz | - |
| siz | -(y)-ın, -(y)-in, -(y)-un, -(y)-ün 或：-(y)-ınız, -(y)-iniz, -(y)-unuz, -(y)-ünüz |
| onlar | -sınlar, -sinler, -sunlar, -sünler |

**Not　提示**

Ben ve biz emir kipi kullanılmaz. Çünkü insan kendi kendine emir vermez.　第一人称（ben, biz）不使用命令式，因为不能自己命令自己。

# 初级土耳其语语法（上册）

**Örnek diyalog** 对话示例

Öğretmen: Bu hafta çok ders çalışın.　老　师：这周你们要好好学习。
Öğrenciler: Niçin?　　　　　　　　学　生：为什么？
Öğretmen: Çünkü bu hafta üç sınav　老　师：因为这周有三门考试。
var.

Oğuz: Hakan Beyin odası nerede?　奥古兹：哈坎先生的房间在哪里？

Sekreter: Bu asansöre binin, beşinci　秘　书：先上电梯，到五层，然后下电梯，向右拐，第二个房间就是哈坎先生的房间。
kata çıkın, asansörden
inin, sağa dönün, ikinci
oda Hakan Beyin odası.

Oğuz: Teşekkür ederim.　　　　　　奥古兹：谢谢。

**FİİL ÇEKİMİ**　动词变位

1. Emir kipi fiil çekimi olumlu　命令式肯定式

|  | a-ı → ı | o-u → u | e-i → i | ö-ü → ü |
|---|---|---|---|---|
| fiil 动词 | almak | okumak | silmek | yürümek |
| ben | —— | —— | —— | —— |
| sen | al | oku | sil | yürü |
| o | alsın | okusun | silsin | yürüsün |
| biz | —— | —— | —— | —— |
| siz | alın / alınız | okuyun / okuyunuz | silin / siliniz | yürüyün / yürüyünüz |
| onlar | alsınlar | okusunlar | silsinler | yürüsünler |

# 第二课 这是什么？
## KONU 2 BU NE?

**Örnekler** 示例

| | |
|---|---|
| Sen konuş. 你来说。 | O kalksın. 让他站起来。 |
| Siz konuşun. 你们来说吧。 | Onlar kalksınlar. 让他们站起来。 |
| Sen yaz. 你来写。 | Onlar yazsın. 让他们写。 |

Defterlerinizi açın. 打开本子。

Sınıfa girin ve yerinize oturun. 进教室坐到你们的位置上去。

Tahtayı sil. 擦黑板。

Adınızı ve soyadınızı yazınız. 写上您的姓名。

Kapıyı kapat. 把门关上。

Defterinizi açın söylediklerimi yazın. 打开本子然后把我说的话写在上面。

Ödevleri yapsınlar. 让他们写作业。

Dersten sonra kantinde bekleyiniz. 你们下课之后在餐厅等着。

Beni dikkatli dinleyiniz. 你们认真听我讲话。

Kalemi ver. 把我的笔给我。

2. Emir kipi olumsuz 命令式否定式

| 元音和谐与否定词缀 | a - ı - o - u → ma | | e - i - ö - ü → me | |
|---|---|---|---|---|
| fiil 动词 | almak | okumak | silmek | yürümek |
| ben | —— | —— | —— | —— |
| sen | alma | okuma | silme | yürüme |
| o | almasın | okumasın | silmesin | yürümesin |
| biz | —— | —— | —— | —— |
| siz | almayın / almayınız | okumayın / okumayınız | silmeyin / silmeyiniz | yürümeyin / yürümeyiniz |
| onlar | almasınlar | okumasınlar | silmesinler | yürümesinler |

### Örnekler 示例

| | |
|---|---|
| Dışarı çıkmayın. | 你们不要到外面去。 |
| Sınavda sağa sola bakmayın. | 考试的时候不要左顾右盼。 |
| Çocuklar bahçeye çıkmasınlar. | 不要让孩子们去花园。 |
| Burada sigara içmeyin. | 不要在这里吸烟。 |
| Dersten sonra eve gitmeyin. | 下课之后不要回家。 |
| Koridorda gürültü yapmayın. | 不要在走廊大声喧哗。 |
| Arkadaşınla tartışma. | 不要和朋友吵架。 |
| Kışın paltosuz dolaşma. | 冬天不要不穿外套在外面蹓跶。 |
| Okul numaranızı yazmayı unutmayın. | 不要忘了写学号。 |
| Yüksek sesle konuşmayın. | 不要高声讲话。 |
| İzinsiz dışarı çıkmasın. | 未经允许不要外出。 |

3. Emir kipi olumlu soru  命令式疑问式

| fiil 动词 | almak | silmek | yürümek | okumak |
|---|---|---|---|---|
| o | alsın mı? | silsin mi? | yürüsün mü? | okusun mu? |
| onlar | alsınlar mı? | silsinler mi? | yürüsünler mi? | okusunlar mı? |

Emir kipinin sadece üçüncü tekil ve üçüncü çoğul şahıs soru şekli vardır. Ben, sen, biz, ve siz için emir kipi soru şekli kullanılmaz. 命令式的疑问式只用于第三人称单数和复数。其他人称都不可以使用命令式疑问形式。

### Örnekler 示例

| | |
|---|---|
| Öğrenciler, sınıfa girsin mi? | 让学生们进教室吗? |
| Misafirler, salona geçsin mi? | 让客人们穿过客厅吗? |
| Çocuklar, oyun oynasınlar mı? | 让孩子们玩游戏吗? |

## 第二课　这是什么?
### KONU 2　BU NE?

| | |
|---|---|
| Onlar da gelsinler mi? | 也让他们来吗? |
| Ahmet, maça gitsin mi? | 让艾哈迈德去看比赛吗? |
| Yemekten sonra çay hazırlasınlar mı? | 饭后准备茶吗? |
| Çocuklar otursunlar mı? | 让孩子们坐下吗? |
| Ahmet okusun mu? | 让艾哈迈德读书吗? |

**Not　提示**

1. Emir kipinde de-~, ye-~ fiillerinde "e" harfi "i" harfine dönüşür.　在命令式中，动词demek（说）和yemek（吃）词干（de-~, ye-~）中的 -"e"应变成 -"i"。如:

| | |
|---|---|
| deyiniz (×) | diyiniz (√) |
| yeyiniz (×) | yiyiniz (√) |

2. et-~, git-~, tat-~ fiillerinde "t" harfi "d" harfine dönüşür.　在命令式中，动词etmek, gitmek, tatmak 的词干（et-~, git-~, tat-~）末尾的字母t浊化成d。如:

| | |
|---|---|
| Bütün yemeklerden tadın. | 尝尝所有的食物。 |
| Hemen babanızı ziyarete gidin. | 快去探望你们的爸爸。 |
| Hemen annenize yardım edin. | 快去帮帮你们的妈妈。 |

**Kullanımı　用法**

1. Bir işin yapılmasını emrederken kullanılır.　命令某人做某事时使用。如:

| | |
|---|---|
| Yerlerinize oturun. | 坐到位置上去。 |
| Sınavda sağa sola bakmayın. | 考试时不要左顾右盼。 |

2. Emir kipinin ikinci tekil şahsı, dualarda yalvarma anlatır.　命令式的第二人称单数形式可以用于祈祷，表示祈求。如:

| | |
|---|---|
| Allahım beni koru! | 真主保佑我！ |
| Allahım beni bağışla! | 真主宽恕我吧！ |
| Allahım güç ver bana! | 真主给我力量吧！ |

3. Emir kipinin ikinci çoğul şahsı rica anlatır. 命令式的第二人称复数形式可以表示请求。如：

| | |
|---|---|
| Buyrun, söyleyin! | 请讲！ |
| Bana şu kalemi veriniz lütfen! | 请把那支笔递给我！ |
| Lütfen, soru sormayın! | 请不要提问！ |

4. Emir kipi dilek, istek anlamında da kullanılır. 命令式也可以用来表达愿望和请求。如：

| | |
|---|---|
| Allah razı olsun. | 真主保佑你。 |
| Her şey gönlünüzce olsun! | 诸事顺遂！ |
| Kolay gelsin! | 放轻松。 |
| Afiyet olsun! | 吃好喝好！ |
| Geçmiş olsun! | 早日康复！ |
| Yaşasın! | 太棒了！ |
| Sağ olun! | 谢谢！ |

## 练习 ALIŞTIRMALAR

1. Aşağıdaki cümleleri verilen fiillerle tamamlayınız. 请用所给的单词完成下列句子。

---

söyle / içmeyin / kaldır / yapmayın / atma / gelsin / kalmasınlar / girmeyin / yıka / fırçalayın

---

## 第二课  这是什么?
### KONU 2  BU NE?

(1) Konuşmadan önce parmak _____

(2) Yere çöp _____

(3) Yemekle beraber fazla su _____

(4) Sınıfta gürültü _____

(5) Soğuk havada denize _____

(6) Cumartesi baban ve annen okula _____

(7) Programa geç _____

(8) Yemekten önce elini _____

(9) Ailene selam _____

(10) Her sabah dişlerinizi _____

2. **Aşağıdaki olumlu emirleri olumsuz yapınız.**  请将下列肯定句变为否定句。

   Örnek: Tahtayı sil. / Tahtayı silme.

   (1) Dışarı çık.         _____

   (2) Pencereyi aç.       _____

   (3) Telefon et.         _____

   (4) Dişlerini fırçala.  _____

3. **Aşağıdaki olumlu emirleri olumsuz yapınız. (2. Çoğul şahıs)**  请将下列肯定句变为否定句。（用第二人称复数形式）

   Örnek: Basketbol oyna / Basketbol oynamayın.

   (1) Işığı aç.       _____

   (2) Onu bana ver.   _____

   (3) Beni bekle.     _____

   (4) Müzik dinle.    _____

   (5) Konuş.          _____

**4. Aşağıdaki kelimeleri eşleştiriniz.** 连线。

A. Kitap           a. gir

B. Televizyonu    b. çalış

C. Sınıfa          c. yapma

D. Ders           d. oku

E. Gürültü        e. aç

**5. Aşağıdaki cümleleri emir kipiyle tamamlayınız.** 请用下列词的命令式完成句子。

(1) Siz bahçede futbol _____ (oynamak/olumsuz)

(2) Onlar yarın erken _____ (gelmek/olumlu)

(3) O, sınıfta gürültü _____ (yapmak/olumsuz)

(4) Siz lütfen yemek _____ (yemek/olumlu)

(5) Onlar burada sigara _____ (içmek/olumsuz)

**6. Aşağıdaki karışık kelimelerde anlamlı cümleler yazınız.** 请将下列单词连成句子。

(1) o / girmek / şu / kapıdan / lütfen

_____

(2) onlar / yemeğe / geç kalmak / bu akşam (olumsuz)

_____

(3) dinlemek / beni / lütfen / (siz/olumlu)

_____

(4) konuşmak / lütfen / sesli / kütüphanede / (siz/olumsuz)

_____

(5) sulamak / bugün / çiçekleri / (siz/olumlu)

_____

## 第二课　这是什么？
KONU 2　BU NE?

**7. Aşağıdaki olumlu soru cümlelerini olumsuz yapınız.**　请将下列肯定疑问句变成否定疑问句。

(1) Sınıftan çıksın mı?　_____

(2) Sinemaya gitsinler mi?　_____

(3) Ders çalışsın mı?　_____

(4) Televizyon seyretsinler mi?　_____

**8. Aşağıdaki fiilleri çekimleyiniz. (emir kipi)**　请填写下列词的命令式。

|       | oturmak (olumlu) | uyumak (olumsuz) | yazmak (soru) |
|-------|------------------|------------------|---------------|
| ben   |                  |                  |               |
| sen   |                  |                  |               |
| o     |                  |                  |               |
| biz   |                  |                  |               |
| siz   |                  |                  |               |
| onlar |                  |                  |               |

# 第三课　您是哪里人？
## KONU 3　NERELİSİNİZ?

> Şimdiki Zaman　现在时
> Şahıs Ekleri　人称后缀
> Olumsuzluk Eki　否定词缀
> Soru Eki　疑问助词

### NERELİSİNİZ?

Benim adım Selçuk. Türkiyeli'yim ve İzmir'de oturuyorum. Lise ikinci sınıfa gidiyorum. Annem ve babam öğretmenlik yapıyor. Bir de kız kardeşim var. O yedinci sınıfta okuyor. Ben İngilizce biliyorum ama kardeşim yabancı dil bilmiyor. Sınıfımızda, yurt dışından iki arkadaşımız var. Onların adları Sandra ve Aleksi. Biz onlarla Türkçe konuşuyoruz. Çünkü onlar Türkçe biliyor. Sandra Almanyalı. O, bir Almandır. O, Almanca, İngilizce ve Türkçe biliyor. Sandra, yaz tatilini Türkiye'de geçiriyor. Çünkü Türkiye'yi çok seviyor.

### 您是哪里人？

我的名字叫赛尔楚克。我是土耳其人，住在伊兹密尔。我上高中二年级。我的妈妈和爸爸都是教师。我还有一个妹妹，她读七年级。我会说英语，但我的妹妹不会说外语。我们班上有两名外国同学。他们的名字是桑德拉和阿列克谢。我们和他们说土耳其语，因为他们也会说土耳其语。桑德拉来自德国，她是一个德国人。她懂德语、英语和土耳其语。桑德拉在土耳其过暑假，因为她非常喜欢土耳其。

第三课　您是哪里人？
KONU 3　NERELİSİNİZ?

Aleksi ise Rusyalı. O bir Rus. Aleksi, ailesiyle birlikte Türkiye'de oturuyor. O Rusça ve Türkçe biliyor. Ama İngilizce bilmiyor. Aleksi ile beraber çok güzel vakit geçiriyoruz. Hafta sonları beraber tarihi ve turistik yerleri geziyoruz. Ben ona Türkiye'yi tanıtıyorum. O da bana ülkesini anlatıyor.

阿列克谢来自俄罗斯，他是俄罗斯人。阿列克谢和家人都住在土耳其。他懂俄语和土耳其语，但不懂英语。我和阿列克谢在一起度过了很美好的时光，周末我们一起参观名胜古迹。我向他介绍土耳其，他也向我介绍他的国家。

## 现在时　ŞİMDİKİ ZAMAN ( -yor)

**Fiillerde Zaman**　动词的时间

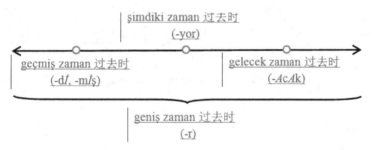

**Tanım** Şimdiki zaman, fiilin belirttiği iş ve oluşun, içinde bulunduğumuz zamanda başladığını ve devam etmekte olduğunu bildirir.

**定义** 现在时是一种表示行动或者状态正在发生和持续的时态。

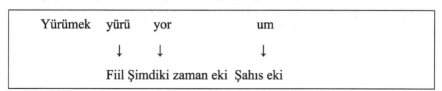

# 初级土耳其语语法（上册）

**Yapılışı** Fiil + Şimdiki zaman eki + Şahıs eki
**构成** 动词+现在时词缀+人称后缀

| A: Ayşe ne yapıyor? | A：阿伊莎在做什么？ |
| B: Ayşe, uyuyor. | B：阿伊莎在睡觉。 |
| A: Ali ne yapıyor? | A：阿里在做什么？ |
| B: Ali, kitap okuyor. | B：阿里在看书。 |

## FİİL ÇEKİMİ  动词变位

Şimdiki zaman (olumlu)   现在时（肯定式）

| fiil + şimdiki zaman eki + şahıs eki | | | | |
|---|---|---|---|---|
| şahıs \ fiil | okumak | bilmek | gelmek | yazmak |
| ben | okuyorum | biliyorum | geliyorum | yazıyorum |
| sen | okuyorsun | biliyorsun | geliyorsun | yazıyorsun |
| o | okuyor | biliyor | geliyor | yazıyor |
| biz | okuyoruz | biliyoruz | geliyoruz | yazıyoruz |
| siz | okuyorsunuz | biliyorsunuz | geliyorsunuz | yazıyorsunuz |
| onlar | okuyorlar | biliyorlar | geliyorlar | yazıyorlar |

**Örnekler**  示例

| Şimdi ders çalışıyorum. | 我现在在学习。 |
| Annem, mutfakta yemek yapıyor. | 我妈妈在厨房做饭。 |
| Kız kardeşim, İngilizce biliyor. | 我妹妹会说英语。 |
| Babam, oturma odasında gazete okuyor. | 我爸爸在客厅看报纸。 |
| Ben Türkçe konuşuyorum. | 我讲土耳其语。 |

**Not**  提示

1. Şimdiki zaman eki, son harfi "ı,i,u,ü" ile biten fiillere -yor" gelir.
   以窄元音 ı,i,u,ü 结尾动词的现在式直接跟-yor。

# 第三课　您是哪里人?
## KONU 3　NERELİSİNİZ?

**Örnekler** 示例

| | | |
|---|---|---|
| başım ağrı-yor | kar eri-yor. | kitap oku-yor. |
| çocuk yürü - yor. | taşı-yor | kaşı-yor |
| acı-yor | koru-yor | uyu-yor |
| üşü-yor | çürü-yor | |

2. Sonu sessizle biten fiillerde şimdiki zaman eki ile fiil arasına kaynaştırma ünlüleri girer.

以辅音字母结尾的动词词干添加现在时词缀时在中间加连接辅助元音-ı, -i, -u, -ü连接。

| | | |
|---|---|---|
| -a, -ı → | -ıyor | aç-ıyor, çalış-ıyor |
| -e, -i → | -iyor | sev-iyor, iç-iyor |
| -o, -u → | -uyor | sor-uyor, dur-uyor |
| -ö, -ü → | -üyor | gör-üyor, tüt-üyor |

**Örnekler** 示例

| | |
|---|---|
| Nerede oturuyorsun? | 你住在哪儿？ |
| Bebek gülüyor. | 小婴儿笑了。 |
| Bu akşam size geliyoruz. | 今晚我们来找你们。 |
| Mehmet yazıyor. | 穆罕默德在写字。 |
| Öğretmen çıkıyor. | 老师出去了。 |
| Tahtayı görüyorum. | 我看黑板。 |
| Herkes koşuyor. | 每个人都在讲话。 |
| Merve geliyor. | 梅尔维来了。 |

3. Şimdiki zaman eki "-yor", köklerin ya da gövdelerin sonlarındaki düz geniş seslileri daraltır. Darlaşan sesli (a, e), iki yuvarlak sesli arasında kalırsa dar yuvarlak olur.

**初级土耳其语语法（上册）**

以展唇宽元音-a, -e结尾的动词词干添加现在时词缀-yor时，末尾元音要窄化。如果-a, -e前一个音节还有圆唇宽元音o, ö，则添加现在时词缀-yor时，词干末尾的展唇宽元音要变成圆唇窄元音-u, -ü。

**Örnekler 示例**

a → ı, e → i

anla → anlıyorum　　　　başla → başlıyorum

sakla → saklıyorum　　　bekle → bekliyorum

a → u, e → ü

oyna → oynuyorum　　　dola → doluyorum

söyle → söylüyorum　　　öde → ödüyorum

Bilgisayarda araba yarışı oynuyorum. (oynamak)
我在电脑上玩赛车游戏。

Ahmet'e ne söylüyorsun? (söylemek)
你在跟艾哈迈德说什么？

Annem, gülü kokluyor. (koklamak)
我母亲在闻玫瑰花。

Bekçi, etrafı gözlüyor. (gözlemek)
保安在巡逻。

4. Et-~, git-~, tat-~ fiillerinde "t" harfi "d" harfine dönüşür. 现在时中，动词etmek, gitmek, tatmak的词干（et~, git~, tat~）末尾的字母t浊化成d。

**Örnekler 示例**

Bütün yemeklerden tadıyor.　　　他尝了所有的食物。

Nereye gidiyorsun?　　　　　　你去哪儿？

Babasına yardım ediyor?　　　　他帮助他的爸爸吗？

## 现在时词缀 "-mAktA"   "-mAktA" EKLERİ

**Tanım** Başlanmış ve hâlen devam etmekte olan bir oluş veya kılışı kesin olarak anlatan bir özellik taşır.

**定义** 表示已经开始且持续进行的动作、状态，或者对词汇本身进行更加肯定的描述。

**Yapılışı** Fiil kökü + "-mAktA"* (+ kaynaştırma harfi y, ş, s, n) + şahıs eki

**构成** 动词词干 + -mAktA (+ 连接辅音 y, ş, s, n) + 人称后缀

| almak: → | al | -makta | -y - | ım | ⇒ almaktayım |
| | ↓ | ↓ | | ↓ | |
| | Fiil kökü | kaynaştırma harfi | | Şahıs eki | |

Bu ek, -yor ekinden farklı olarak, gelecek zaman anlamında kullanılmaz.

此词缀与 -yor 的区别是，不能表示将来的含义。

| | yazmak | sormak | beklemek |
| --- | --- | --- | --- |
| ben | yazmaktayım | sormaktayım | beklemekteyim |
| sen | yazmaktasın | sormaktasın | beklemektesin |
| o | yazmakta | sormakta | beklemekte |
| biz | yazmaktayız | sormaktayız | beklemekteyiz |
| siz | yazmaktasınız | sormaktasınız | beklemektesiniz |
| onlar | yazmaktalar | sormaktalar | beklemekteler |

---

\* 斜体大写字母根据不同情况，按照元音和谐规则或辅音浊化规则变化。

**Örnekler  示例**

| Arkadaşım sen yanılmaktasın. | 朋友啊，你肯定搞错了。 |
| Çocuklar kitap okumaktalar. | 孩子们正在看书。 |
| Ben okula gitmekteyim. | 我正在去学校的路上。 |
| Bu hatalar beni deli etmekte. | 这些错误真是让我发疯。 |
| O ders çalışmakta. | 他正在学习呢。 |

## 人称后缀  ŞAHIS EKLERİ

**Tanım** Şahıs ekleri fiilde anlatılan işi, oluşu, hareketi şahsa bağlayan, yapanı, işleyeni, olanı bildiren eklerdir. Şahıs eklerinin çoğul ve tekil şekilleri vardır.

**定义** 人称后缀是加在动词的时态或情态后，表明动作发出者或状态拥有者的后缀。人称后缀有复数和单数形式。

| | | |
|---|---|---|
| Tekil Şahıs Ekleri 单数人称后缀 | ben | -um (-ım, -im, -üm) |
| | sen | -sun (-sın, -sin, -sün) |
| | o | - |
| Çoğul Şahıs Ekleri 复数人称后缀 | biz | -uz (-ız, -iz, -üz) |
| | siz | -sunuz (-sınız, -siniz, -sünüz) |
| | onlar | -lar (-ler) |

**Örnekler  示例**

| Ben ders çalışıyorum. | 我正在学习。 |
| Ali, yemek yiyor. | 阿里在吃东西。 |
| Biz kitap okuyoruz. | 我们在读书。 |

## 第三课 您是哪里人？
### KONU 3 NERELİSİNİZ?

**FİİL ÇEKİMİ** 动词变位

（以现在时肯定式为例）

|  | okumak | öğrenmek |
|---|---|---|
| ben | okuyorum | öğreniyorum |
| sen | okuyorsun | öğreniyorsun |
| o | okuyor | öğreniyor |
| biz | okuyoruz | öğreniyoruz |
| siz | okuyorsunuz | öğreniyorsunuz |
| onlar | okuyorlar | öğreniyorlar |

**Alıştırmalar** 练习

Aşağıdaki cümleleri uygun şahıs ekleriyle tamamlayınız. 请在横线上填上合适的人称后缀。

1. Ben çikolata yiyor_____.
2. Sen Türkçe biliyor mu _____?
3. Öğretmen ders anlatıyor_____.
4. Biz Ankara'da yaşıyor_____.
5. Siz çok güzel ders anlatıyor_____.
6. Onlar Türkiye'de oturuyor_____.

**Dikkat** İyelik ekleri ile şahıs ekleri bazen karıştırılmaktadır. Şahıs ekleri genelde fiillere, iyelik ekleri ise mutlaka isimlere gelir.

注意 不要混淆领属性词缀和人称后缀。人称后缀一般是加在动词后的，而领属性词缀必须加在名词后。

Şahıs Ekleri 人称后缀

A: Sen hangi okulda okuyorsun?  A：你在哪个学校读书？
B: Ben bu okulda okuyorum.  B：我在这个学校上学。

A: Siz çalışıyor musunuz?　　A：你在上班吗？

B: Evet, ben çalışıyorum.　　B：是的，我在上班。

A: Türkçe biliyor musun?　　A：你懂土耳其语吗？

B: Evet, biraz biliyorum.　　B：是的，我懂一点儿。

### İyelik Ekleri　领属性词缀

A: Senin kardeşin var mı?　　A：你有兄弟姐妹吗？

B: Evet, benim iki kardeşim var.　　B：是的，我有两个兄弟。

A: Bu senin bilgisayarın mı?　　A：这是你的电脑吗？

B: Evet, bu benim bilgisayarım.　　B：是的，这是我的电脑。

A: Derslerin nasıl?　　A：你成绩怎么样？

B: Derslerim çok iyi.　　B：我成绩很好。

## 否定词缀　OLUMSUZ EKİ

**Fiillerde olumsuzluk**　动词的否定形式

**Tanım** Fiil kök ve gövdelerine olumsuzluk kavramı veren eklere denir. Fiillerde olumsuzluk -ma, -me ekleriyle yapılır. .

**定义** 通过在动词词干后加上否定词缀-ma/-me，表示动词的否定含义。

Fiilin son hecesinde "-a, -ı, -o, -u" ünlüleri varsa "-ma" gelir; fiilin son hecesinde "-e, -i -ö -ü" ünlüleri varsa "-me" gelir.

否定词缀的元音和谐：如果动词词干末尾音节中的元音是后列元音（a，ı，o，u），则否定词缀用-ma；如果动词词干末尾音节中的元音是前列元音（e，i，ö，ü），则否定词缀用 -me。（请注意，这里是不加时态或情态的原形变化。）

KONU 3 NERELİSİNİZ?

| OLUMLU | OLUMSUZ | OLUMLU | OLUMSUZ |
|---|---|---|---|
| yaz-mak → | yaz-ma-mak | dinle-mek → | dinle-me-mek |
| kaldır-mak → | kaldır-ma-mak | çiz-mek → | çiz-me-mek |
| sor-mak → | sor-ma-mak | gör-mek → | gör-me-mek |
| oku-mak → | oku-ma-mak | gül-mek → | gül-me-mek |

**Şimdiki Zamanın Olumsuzu** 现在时否定式

**Yapılışı** Fiil kökü + Olumsuzluk Eki + Şimdiki zaman eki + Şahıs eki

**构成** 动词+否定式词缀 +现在时词缀+人称后缀

**Dikkat** Türkçe'de, fiillerde olumsuzluk "-ma, -me" ekiyle yapılır. Şimdiki zamanda ünlü daralmasından dolayı "-ma, -me" şu şekillere dönüşür:

**注意** 现在时的否定形式：在土耳其语中，动词词干加上否定词缀-ma, -me表示否定。由于现在时中末尾元音发生窄化，动词现在时的否定词缀如下转变：

| fiilin son hecesindeki sesli harf<br>动词末音节元音 | olumsuz eki<br>否定词缀 | örnekler<br>示例 |
|---|---|---|
| a veya ı | -ma → -mı | bakmak → bakmamak → bakmıyor |
| e veya i | -me → -mi | içmek → içmemek → içmiyorum |
| o veya u | -ma → -mu | okumak → okumamak → okumuyorsunuz |
| ö veya ü | -me → -mü | düşünmek → düşünmemek → düşün-müyorlar |

## FİİL ÇEKİMİ　动词变位

（以现在时肯定式为例）

|      | okumak        | bilmek        | gelmek        |
|------|---------------|---------------|---------------|
| ben  | okumuyorum    | bilmiyorum    | gelmiyorum    |
| sen  | okumuyorsun   | bilmiyorsun   | gelmiyorsun   |
| o    | okumuyor      | bilmiyor      | gelmiyor      |
| biz  | okumuyoruz    | bilmiyoruz    | gelmiyoruz    |
| siz  | okumuyorsunuz | bilmiyorsunuz | gelmiyorsunuz |
| onlar| okumuyorlar   | bilmiyorlar   | gelmiyorlar   |

**Örnekler**　示例

| | |
|---|---|
| Ben sigara, içmiyorum. | 我没在抽烟。 |
| Kardeşim, basketbol oynamıyor. | 我的兄弟没在打篮球。 |
| Çocuklar, eve gelmiyor. | 孩子们没有回家来。 |
| Babaannem, yemek yemiyor. | 我的奶奶没有在吃饭。 |
| Ahmet, ders çalışmıyor. | 艾哈迈德没有在学习。 |
| Siz ders çalışmıyorsunuz. | 你们没有在学习。 |
| Biz Almanca bilmiyoruz. | 我们不懂德语。 |
| Sen okula gitmiyorsun. | 你没有去上学。 |

## 疑问助词　SORU EKİ

**Tanım** Türkçe'de soru eki "mi (mı mu, mü)" dir. Kendisinden önceki kelimeden ayrı yazılır.

**定义** 土耳其语中的疑问助词是mi（mı mu, mü），与之前的单词分开写。

# 第三课　您是哪里人？
## KONU 3　NERELİSİNİZ?

疑问助词元音和谐变化表：

| soru ekinden önceki kelimenin son hecesindeki sesli harf<br>前一单词末尾音节元音 | soru eki<br>疑问助词 |
|---|---|
| a veya ı | mı |
| e veya i | mi |
| o veya u | mu |
| ö veya ü | mü |

Şimdiki zaman soru biçimini örnek alacak olursak: 以现在时为例：
**Yapılışı** Fiil kökü + Şimdiki zaman eki + Soru eki + Şahıs eki
**构成** 动词词干+现在时词缀+疑问助词+人称后缀

**FİİL ÇEKİMİ**　动词变位

（以现在时肯定式为例）

|  | okumak | bilmek | gelmek |
|---|---|---|---|
| ben | okuyor muyum? | biliyor muyum? | geliyor muyum? |
| sen | okuyor musun? | biliyor musun? | geliyor musun? |
| o | okuyor mu? | biliyor mu? | geliyor mu? |
| biz | okuyor muyuz? | biliyor muyuz? | geliyor muyuz? |
| siz | okuyor musunuz? | biliyor musunuz? | geliyor musunuz? |
| onlar | okuyorlar mı? | biliyorlar mı? | geliyorlar mı? |

**Örnek diyalog**　对话示例

| Bebek, ağlıyor mu? | 小婴儿在哭吗？ |
| Öğretmen, derse gelmiyor mu? | 老师不来上课吗？ |
| Ödevlerini yapıyor musun? | 你在写作业吗？ |
| Tahtayı siliyor musunuz? | 你们在擦黑板吗？ |

Çocuklar, futbol oynuyor mu?  孩子们在玩足球吗？
Biz güzel konuşuyor muyuz?  我们讲得好吗？

**练习　ALIŞTIRMALAR**

**1. Aşağıdaki karışık kelimelerden şimdiki zamanlı cümleler kurunuz.**
   请将下列词语排列成现在时的句子。

(1) öğrenciler / okuyorlar / kitap

_____

(2) bakıyor / pencereden / babam

_____

(3) oynuyorlar / çocuklar / dışarıda / futbol

_____

(4) içiyor / bebek / süt

_____

(5) anlatıyor / ders / öğretmen

_____

**2. Aşağıdaki sorulara örnekteki gibi "evet" ve "hayır" ile cevap veriniz.** 请仿照给出的例子对下列问题进行肯定和否定的回答。

**Örnek**: Ali, ders mi çalışıyor?
　　　　Evet, ders çalışıyor.
　　　　Hayır, ders çalışmıyor.

(1) Maltepe'de mi oturuyorsun?　　(2) İstanbul'u seviyor musun?

_____　　_____

_____　　_____

## 第三课 您是哪里人？
### KONU 3 NERELİSİNİZ?

(3) Öğrenciler, ders çalışıyor mu?  (4) Sinemadan mı geliyorsun?

_____   _____

_____   _____

3. **Aşağıdaki olumlu soru cümlelerini olumsuz yapınız.** 请将下列肯定疑问句写成否定疑问形式。

(1) Yağmur yağıyor mu?

_____

(2) Basketbol oynuyor musun?

_____

(3) Öğrenciler, kitap okuyor mu?

_____

(4) Futbolcular, sahaya çıkıyor mu?

_____

(5) Misafirler, geliyor mu?

_____

4. **Aşağıdaki cümleleri örnekteki gibi uygun fiillerle tamamlayınız.** 请仿照示例填写适合句意的动词。

**Örnek**: Yolcular otobüs bekliyor. (beklemek)

(1) Bahçıvan, bahçeyi _____ (temizlemek)

(2) Öğrenciler, şarkı _____ (söylemek)

(3) Dedem, masal _____ (anlatmak)

(4) Ben, santranç _____ (oynamak)

(5) Onlar, denizde _____ (yüzmek)

(6) Babam, çicekleri _____ (sulamak)

(7) Annem, bulaşıkları _____ (yıkamak)

(8) Öğrenci, sınıfta ders _____ (çalışmak)

(9) Ali, odasını _____ (toplamak)

(10) Kuşlar_____ (ötmek)

**5. Aşağıdaki cümleleri şimdiki zaman ekleriyle tamamlayınız.** 请用现在进行时词缀完成下列句子。

(1) Annem, süpermarkete git_____.

(2) Babam, kahvaltı yap._____.

(3) Çocuklar, çizgi film seyret_____.

(4) Antalya'ya mı git_____?

(5) Ben sigara iç_____ (olumsuz)

**6. Aşağıdaki kelimelerle şimdiki zamanlı soru cümleleri kurunuz.** 请用下列词组组合成现在进行时疑问句。

**Örnek:** Mehmet Bey / televizyon seyretmek

Mehmet Bey televizyon seyrediyor mu?

(1) Turgay / telefon etmek

_____

(2) Onlar / denizde yüzmek

_____

(3) Biz / pikniğe gitmek

_____

(4) Köpek / havlamak

_____

**7. Aşağıdaki cevaplara uygun sorular yazınız.** 请根据下列回答写出相应的问题。

(1) _____?

Evet, sabah erken kalkıyorum.

(2) _____?

Büyük bir şirkette çalışıyorum.

(3) _____?

Hayır, onlar futbol oynamıyor.

(4) _____?

Evet, biz resim yapıyoruz.

(5) _____?

Hayır, babam çalışmıyor.

8. **Aşağıdaki fiilleri çekimleyiniz.** 请完成下列动词变位（现在进行时）。

(1) Şimdiki zaman (-yor)

|  | sevmek(olumlu) | taramak (olumlu) | özlemek (olumsuz) | boyamak (soru) |
|---|---|---|---|---|
| ben |  |  |  |  |
| sen |  |  |  |  |
| o |  |  |  |  |
| biz |  |  |  |  |
| siz |  |  |  |  |
| onlar |  |  |  |  |

(2) Şimdiki zaman (-mAktA, olumlu)

|  | konuşmak | dinlemek | anlamak | gülmek |
|---|---|---|---|---|
| ben |  |  |  |  |
| sen |  |  |  |  |
| o |  |  |  |  |
| biz |  |  |  |  |
| siz |  |  |  |  |
| onlar |  |  |  |  |

# 第四课　几点了？
# KONU 4　SAAT KAÇ?

> Geniş Zaman　宽广时
> Ünsüz Yumuşaması　辅音浊化

### SAAT KAÇ?

Yasemin 16 yaşında, lise ikinci sınıf öğrencisidir. O hafta içi her gün 06:30'da kalkar. Önce kahvaltısını yapar. Daha sonra okul servisine biner ve okuluna gider. Yasemin'in dersleri 08:00'de başlıyor. Pazartesi günleri matematik, İngilizce ve biyoloji dersleri var. Bugün, günlerden Salı. O, bugün çok sevinçli. Çünkü bugün edebiyat dersi var. O, kitaplarını, defterlerini ve kalemlerini hiç unutmaz. Yasemin, düzenli bir öğrencidir. Yasemin boş vakitlerinde kitap okur. Onun arkadaşları da çok kitap okur. Yasemin 15:15'te okuldan çıkar. 15:45'te eve gelir. Biraz dinlendikten sonra ödevlerini yapar. Bazen arkadaşlarıyla gezmeye gider.

### 几点了？

亚塞明16岁，是一名高中二年级的学生。她周一到周五每天六点半起床。先吃早饭，然后乘校车上学。亚塞明从八点开始上课。星期一有数学、英语和生物课。今天是星期二。她今天非常高兴，因为今天有文学课。她从不会忘带她的书、本和笔。亚塞明是个有条理的学生。亚塞明在闲时读书，她的朋友也很喜欢读书。亚塞明下午三点一刻放学，三点四十五回到家，稍微休息一下之后写作业。有时候她和朋友们一起出去玩。

KONU 4  SAAT KAÇ?

Akşam 19:00'da ailesiyle birlikte akşam yemeğini yer. Yemekten sonra biraz televizyon izler. Daha sonra ders çalışır. Yatmadan önce 45 dakika kitap okur. Yasemin en geç 23:30'da uyur.

晚上七点她和家人一起吃晚饭。饭后她看一会儿电视，之后做功课。她睡前看45分钟书。亚塞明最晚十一点半睡觉。

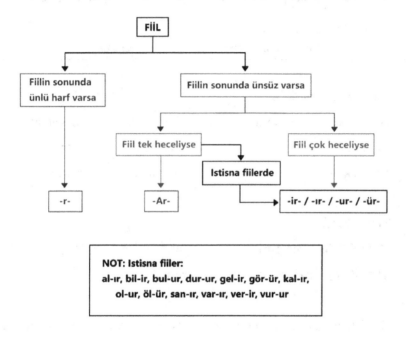

# 宽广时  GENİŞ ZAMAN (-r, -ar, -er)

**Tanım** Geniş zaman, işin başlayıp devam ettiğini ve devam edeceğini gösterir. Geniş zaman, geçmiş, şimdiki ve gelecek zamanı içine alan bir zamandır. Bu zamanda hiçbir sınırlama ve kesinlik yoktur.

**定义** 宽广时是表示事物已经开始，现在在进行并且将来还会持续下去的一种时态。宽广时包含了过去、现在和将来的时间含义，这种时态没有任何的限制和确切性。

**Yapılışı** Fiil + Geniş zaman eki "-r, (-ar,-er, -ır, -ir, -ur, -ür)" + Şahıs eki

**构成** 动词词干+宽广时词缀 "-r, (-ar,-er, -ır, -ir, -ur, -ür)" +人称后缀

| oynamak: | oyna | r | ım | ⇒ oynarız |
| --- | --- | --- | --- | --- |
| | ↓ | ↓ | ↓ | |
| | Fiil Şimdiki | zaman eki | Şahıs eki | |

**Örnekler 示例**

söylemek → söylerim        kalkmak → kalkarsın
toplamak → toplar           izlemek → izleriz
sevmek → seversiniz         varmak → varırlar

**Not 提示**

1. Ünlü ile biten fiillere "-r" gelir  以元音结尾的动词变宽广时，其后加-r。如：söyle-r, oku-r, yürü-r。

2. Tek heceli ve sessizle biten fiillere "-ar,-er" eklerinden biri gelir.  以辅音结尾的单音节动词变宽广时，按照元音和谐规则（a,ı,o,u → ar, e,i,ö,ü→ er）在其后加-ar或-er。比如：bak-ar, yaz-ar, sor-ar。

Aşağıdaki sık kullanılan 13 fiil bu kuralın istisnasıdır.  以下常用的13个以辅音结尾的单音节动词例外：

gel-ir, al-ır, bil-ir, var-ır, gör-ür, kal-ır, bul-ur, ver-ir, öl-ür, vur-ur, ol-ur, san-ır, dur-ur

3. Ünsüz ile biten birden fazla heceli fiillerin sonuna "-ır, -ir, -ur, -ür" gelir.  以辅音结尾的多音节动词变宽广时，按照元音和谐规则

## KONU 4　SAAT KAÇ?

（a,ı →ır, e,i →ir, o,u →ur, ö,ü→ür）在其后加 -ır, -ir, -ur, -ür。如：
çalış-ır, konuş-ur, öğren-ir, götür-ür, sevin-ir。

### FİİL ÇEKİMİ　动词变位

1. Geniş Zaman (Olumlu)　宽广时（肯定式）

| | fiil + geniş zaman eki + şahıs eki | | | |
|---|---|---|---|---|
| | yazmak | bilmek | okumak | görmek |
| ben | yazarım | bilirim | okurum | görürüm |
| sen | yazarsın | bilirsin | okursun | görürsün |
| o | yazar | bilir | okur | görür |
| biz | yazarız | biliriz | okuruz | görürüz |
| siz | yazarsınız | bilirsiniz | okursunuz | görürsünüz |
| onlar | yazarlar | bilirler | okurlar | görürler |

### Örnekler　示例

| | |
|---|---|
| Her yemekten sonra dişlerimi fırçalarım. | 我每次吃完饭后刷牙。 |
| Babam, her sabah saat yedide işe gider. | 爸爸每天早上七点去上班。 |
| Emre, çok güzel futbol oynar. | 埃姆雷足球踢得很好。 |
| Biz her hafta sonu tiyatroya gideriz. | 我们每周末去看戏。 |
| Ahmet çok güzel şarkı söyler. | 艾哈迈德唱歌很好听。 |
| Mehmet her sabah saat altı buçukta kalkar. | 穆罕默德每天早上六点半起床。 |
| Sabahları yarım saat spor yaparım. | 我每天早上运动半小时。 |
| Akşamları kitap okurum. | 我每天晚上读书。 |

## 2. Geniş zaman (Olumsuz)　宽广时（否定式）

| fiil + geniş zaman olumsuzluk eki + şahıs eki ||||
|---|---|---|---|---|
| | yazmak | bilmek | okumak | görmek |
| ben | yazmam | bilmem | okumam | görmem |
| sen | yazmazsın | bilmezsin | okumazsın | görmezsin |
| o | yazmaz | bilmez | okumaz | görmez |
| biz | yazmayız | bilmeyiz | okumayız | görmeyiz |
| siz | yazmazsınız | bilmezsiniz | okumazsınız | görmezsiniz |
| onlar | yazmazlar | bilmezler | okumazlar | görmezler |

**Not**　提示

Geniş zaman kipinin olumsuzu, birinci tekil ve birinci çoğul şahıslara "ma/me" olumsuzluk eki getirilerek yapılır. İkinci, üçüncü tekil ve çoğul şahıslarda ise "maz/mez" ekiyle yapılır.　宽广时的否定式，第一人称的宽广时否定词缀是-ma-/-me，第二、第三人称的宽广时否定词缀是-maz-/-mez-。

**Örnekler**　示例

| | |
|---|---|
| Mehmet, boksu sevmez. | 穆罕默德不喜欢拳击。 |
| Kış mevsiminde üzüm olmaz. | 冬天不结葡萄。 |
| Babam, sigara içmez. | 我爸爸不吸烟。 |
| Kardeşim, hiç ağlamaz. | 我的兄弟从不哭。 |
| Bizim öğrenciler, yalan söylemezler. | 我们是学生，不说谎。 |
| Sabahları erken kalkmam. | 我不起早。 |
| Bazı insanlar çorba sevmezler. | 有的人不喜欢喝汤。 |
| Biz öğle yemeklerini evde yemeyiz. | 我们不在家吃午饭。 |

## 第四课 几点了？
KONU 4　SAAT KAÇ?

3. Geniş Zaman (Soru)　宽广时（疑问式）

| fiil + geniş zaman eki + soru eki + şahıs eki | | | | |
|---|---|---|---|---|
| | yazmak | bilmek | okumak | görmek |
| ben | yazar mıyım? | bilir miyim? | okur muyum? | görür müyüm? |
| sen | yazar mısın? | bilir misin? | okur musun? | görür müsün? |
| o | yazar mı? | bilir mi? | okur mu? | görür mü? |
| biz | yazar mıyız? | bilir miyiz? | okur muyuz? | görür müyüz? |
| siz | yazar mısınız? | bilir misiniz? | okur musunuz? | görür müsünüz? |
| onlar | yazarlar mı? | bilirler mi? | okurlar mı? | görürler mi? |

**Örnekler**　示例

Ahmet, kitap okur mu?　　　　　　　　艾哈迈德看书吗？
Annen, hafta sonu kek yapar mı?　　　你妈妈周末做蛋糕吗？
Akşamları parka gider misin?　　　　　你晚上常去公园吗？
Çocuklar, sabahları erken kalkar mı?　孩子们通常起得早吗？
Çiçekleri sevmez misin?　　　　　　　你不喜欢花吗？
Öğle yemeğini lokantada yemez misin?　你通常不在饭馆吃午饭吗？
Çocuklar süt içer mi?　　　　　　　　孩子们常喝牛奶吗？

**Not**　提示

Geniş zamanın soru şekli rica anlamında da kullanılabilir.　宽广现在时的疑问形式也可以用来表示请求。

**Örnekler**　示例

Kalemini verir misin?　　　　把你的笔拿来好吗？
Pencereyi açar mısın?　　　　你开下窗好吗？
Bugün restorana gider miyiz?　我们今天去下馆子吗？

# 练习　ALIŞTIRMALAR

1. Aşağıdaki karışık kelimelerden örnekteki gibi geniş zamanlı cümleler kurunuz.　请仿照示例将下列单词组成宽广时的句子。

   **Örnek:** ile/ gel- / eve / araba / her akşam / o

   　　　　O her akşam eve araba ile gelir.

   (1) yat- / genellikle / siz / saat kaçta

   _____

   (2) arkadaşlarını / ziyaret et- / sık sık

   _____

   (3) balık tut- / boş zamanlarımda

   _____

   (4) git- / genellikle / okula / yürüyerek

   _____

   (5) ile / kavga et- / asla / arkadaşları / o

   _____

2. Aşağıdaki cümleleri tamamlayınız. (Geniş zaman olumsuz)　请完成下列句子（宽广时否定式）。

   (1) Yaz mevsiminde kar _____ (yağmak)

   (2) Babam, sigara _____ (içmek)

   (3) Kardeşim, futbol _____ (oynamak)

   (4) Köpekler, denizde_____ (yaşamak)

   (5) Ben sabahları geç_____ (kalkmak)

第四课　几点了？

KONU 4　SAAT KAÇ?

3. **Aşağıdaki cümleleri olumsuz yapınız.**　请写出下列句子的否定式。

   **Örnek:** Sınıfta yüksek sesle konuşurum.

   　　　　Sınıfta yüksek sesle konuşmam.

   (1) Ahmet, çok yalan söyler.

   _____

   (2) Kardeşim, futbolu çok sever.

   _____

   (3) Ben her gün gazete okurum.

   _____

   (4) Onlar, her akşam sinemaya gider.

   _____

   (5) Öğretmenimiz, her zaman bağırır.

   _____


4. **Aşağıdaki soruları örnekteki gibi "evet" ve "hayır" ile cevaplayınız.**
   请仿照给出的示例，用 **evet** 和 **hayır** 回答下列问题。

   Örnek: Sık sık sinemaya gider misiniz?

   　　　　Evet, gideriz.

   　　　　Hayır, gitmeyiz.

   (1) Öğle yemeğini lokantada mı yersin?

   _____

   _____

   (2) Mehmet, sabahları erken kalkar mı?

   _____

   _____

   (3) Kışın hava çok soğuk olur mu?

   _____

   _____

(4) Gülü çok sever misiniz?
_____
_____

(5) Bu duraktan 320 numaralı otobüs geçer mi?
_____
_____

**5. Aşağıdaki soruları cevaplayınız.** 请回答下列问题。

(1) Dişlerini günde kaç defa fırçalarsın?
_____

(2) Sinemaya gider misin?
_____

(3) Kitap okumaktan hoşlanır mısın?
_____

(4) Sabahları erken kalkar mısın?
_____

(5) Arkadaşlarınla kavga eder misin?
_____

**6. Aşağıdaki cevaplara uygun sorular yazınız.** 请根据回答写出相应的问句。

(1) _____?
   Hayır, hiç yalan söylemem.

(2) _____?
   Evet, futbol oynamaktan hoşlanırım.

(3) _____?
   Hayır, müzik dinlemem.

(4) _____?
Evet, arkadaşlarımla sık sık tiyatroya giderim.
(5) _____?
Hayır, karanlıktan korkmam.

**7. Aşağıdaki parçayı uygun eklerle tamamlayınız.** 请为下面的段落填写适当的词缀。

### MEHMET BEY VE AİLESİ

Mehmet Bey ve ailesi İstanbul'da büyük bir evde yaşa_____ Mehmet Bey, her sabah çocuklarını arabayla okula bırak_____. Sonra işe git_____Mehmet Bey'in eşi Ayla ev hanımıdır. Herkes gittikten sonra o ev işlerini yap_____Genellikle saat on ikide öğle yemeği ye_____Bazen öğleden sonra arkadaşlarıyla buluş_____Birlikte çay iç_____ve sohbet et_____ Akşam çocuklar okuldan dön_____ Mehmet Bey, eve her akşam geç dön_____ Akşam yemeğinden sonra çocuklar ders çalış_____ Mehmet Bey ve eşi televizyon seyret _____ Bazen de kitap oku_____ Onlar saat on birde yat_____.

**8. Aşağıdaki fiilleri çekimleyiniz. (Geniş Zaman)** 请填写下列动词变位表（宽广时）。

|     | durmak (olumlu) | yürümek (olumsuz) | koşmak (soru) |
| --- | --- | --- | --- |
| ben |  |  |  |
| sen |  |  |  |
| o |  |  |  |
| biz |  |  |  |

（续表）

|  | durmak (olumlu) | yürümek (olumsuz) | koşmak (soru) |
|---|---|---|---|
| siz |  |  |  |
| onlar |  |  |  |

## 辅音浊化　ÜNSÜZ YUMUŞAMASI

**Tanım** Türkçe'de kelimelerin sonunda bulunan "p,ç,t,k" sert ünsüzlerinden sonra, eğer ünlü ile başlayan bir ek gelirse, "p,ç,t,k" yumuşayarak "b,c,d, ğ,g" ye dönüşür.

**定义** 土耳其语以清辅音 p, ç, t, k 结尾的单词后接以元音开头的词缀时，p, ç, t, k 分别浊化成 b, c, d, ğ/g。

**Örnekler　示例**

p → b　　　　mektup-u → mektubu

ç → c　　　　borç-u → borcu

t → d　　　　yoğurt-u → yoğurdu

k → ğ　　　　köpek-i → köpeği

k → g　　　　renk-i → rengi

Elbiseleri dolaba yerleştir.　(dolap -a)　　你把衣服放进壁橱。

Sorunu cevabı çok kolay.　(cevap -ı)　　问题的答案很简单。

Kedi ağaca tırmanıyor.　(ağaç -a)　　猫爬树。

Bana bir genci hatırlatıyorsun.　(genç -i)　　你令我想起了一个年轻人。

Yurda gidiyorum.　(yurt -a)　　我去宿舍。

Saat dördü on geçiyor.　(dört -ü).　　现在四点十分。

Akşam yemeği saat altıda.　(yemek -i)　　晚餐时间在六点。

Türkçede bu çiçeğe ne dersiniz?　(çiçek -e)　　这种花用土耳其语怎么说？

dengi dengine olmayan evlilik (denk-i)　　门不当户不对的婚姻

# 第四课 几点了？
## KONU 4　SAAT KAÇ?

**Dikkat**　注意

1. Bazı tek ve çift heceli kelimeler bu kurala uymaz. 有些单音节词和双音节词不符合上述辅音浊化规则。例如：

sap, et, üç, ok, at, aç, tok, hap, ek, anıt, taşıt, yakıt, konut

| | |
|---|---|
| Kasap, eti tartıyor. | 屠夫切肉。 |
| Saat üçü beş geçiyor. | 现在三点五分。 |
| Bu hapı içiniz. | 把这药喝了。 |
| Çocuklar, ata biniyor. | 孩子们骑上马。 |
| Topu ayağıyla vurdu. | 他用脚踢球。 |
| Hiç yakıtımız kalmadı. | 我们一点燃料都没有了。 |
| Bu taşıtı kullanan çok kişi var. | 有很多人用这种交通工具。 |

2. Adlar ve özel isimler bu kurala uymaz. Yazılırken değişme olmaz; ama konuşurken değişme olur. 人名和专有名词的书写不符合辅音浊化规则，但是发音方式发生变化。例如：

| | | |
|---|---|---|
| Ahmet+i | → | Ahmet'i /d/ |
| Ufuk u | | Ufuk'u |
| Serap a | | Serap'a |
| Serap a | | Serap'a |
| Uşak a | | Uşak'a |

| | |
|---|---|
| Babası Ufuk'u soruyor. | 爸爸问乌富克。 |
| Bu paketi Serap'a ver. | 你把这个包裹带给塞拉普。 |
| Tatilde Zonguldak'a gidiyoruz. | 我们假期去宗古尔达克。 |
| Üç saat sonra Uşak'a uçuyoruz. | 三小时后我们飞到了乌沙克。 |

3. Yabancı dillerden Türkçe'ye giren bazı kelimeler bu kurala uymaz. 外来语不符合辅音浊化规则。例如：

hukuk, millet, maç, kamp, aşk, gayret, merhamet, adalet

4. Ünsüz yumuşaması genellikle isimlerde olur. En sık kullanılan ve bu kurala uyan üç fiill şulardır: "git-", "et-" ve "tat-". 辅音浊化是名词的普遍现象。但也有最常用的动词发生辅音浊化：git，et-和tat-。例如：

Bu hafta alışverişe siz gidin. 　　这周你们去购物。
Arkadaşınıza yardım edin. 　　要帮助你们的朋友。
Bu yemekten tadın. 　　尝尝这个食物。

## 练习　ALIŞTIRMALAR

1. **Aşağıdaki kelimeleri örnekteki gibi yazınız.** 请仿照示例写出下列单词的辅音浊化变化。

   **Örnek:** mektup-u → mektubu

   (1) Kasap-a　　　　　　(6) Koltuk-a

   (2) Sözlük-ü　　　　　　(7) Dolap-ı

   (3) Ağaç-a　　　　　　(8) İlaç-a

   (4) Kitap-a　　　　　　(9) Git-iyor

   (5) Kalemlik-e　　　　　(10) Sebep-i

2. **Yanlışlıkları düzelterek cümleleri yeniden yazınız.** 请在横线上写出正确的句子。

   (1) Bu kitapları kitaplıka koyun. ＿＿＿＿＿＿＿＿＿＿

   (2) İki gün sonra sinemeya gideceğim. ＿＿＿＿＿＿＿．

   (3) Lütfen, şu koltuka oturun. ＿＿＿＿＿＿＿＿＿．

   (4) Bu Türkçe kitapı senin mi?＿＿＿＿＿＿＿＿＿＿

   (5) Kedi ağaça tırmanıyor. ＿＿＿＿＿＿＿＿＿＿

   (6) Yarın arkadaşıma yardım edeceğim. ＿＿＿＿＿＿＿．

# 第五课　您家有几个房间？
## KONU 5　　EVİNİZ KAÇ ODALI?

Sıra Sayı Sıfatları　序数词
Üleştirme Sayı Sıfatları　数量分配形容词
Kesir Sayı Sıfatları　分数
İsmin Yalın Hali　名词原格
İsmin Bulunma Hali　名词位格
Kaynaştırma Harfleri　连接辅助音

Benim adım Yasemin. Lise ikinci sınıfta okuyorum. Benim bir erkek kardeşim var. Onun adı Mesut. Kardeşim, altıncı sınıfta okuyor. O, çok başarılı bir öğrencidir. Babam mühendis, annem ev hanımıdır. Bizim evimiz, apartmanın yedinci katındadır. Evimizde üç oda, bir salon, banyo, tuvalet ve büyük bir balkon var.

我的名字叫亚塞明，读高中二年级。我有一个弟弟，他叫梅苏特。我的弟弟上六年级，他是个很优秀的学生。我爸爸是工程师，妈妈是家庭主妇。我们家在公寓楼的第七层，三室一厅，有一个浴室、一个卫生间和一个大阳台。

Apartmanın önünde dörder katlı iki bina var. Biz akşamları balkonda oturur, çay içeriz. Balkonumuzda bir masa ve dört sandalye var. Bizim apartmanımızdaki ailelerin üçte ikisi akrabadır. Bizim akrabalarımızın yüzde yirmisi bu binada oturuyor. Onun için sık sık birbirimizi ziyaret ederiz.

公寓前有两栋四层的楼房。我们晚上坐在阳台上喝茶。阳台上有一张桌子和四把椅子。公寓楼里有三分之二都是我们的亲戚。我们五分之一的亲戚都住在这栋楼里，我们常互相串门。

## 序数词 SIRA SAYI SIFATLARI

**Tanım** Nesnelerin sırasını belirten kelimelere sıra sayı sıfatları denir.
**定义** 表示顺序的数词是序数词。

**Yapılışı** asıl sayı + (I)ncI
**构成** 基数词 + (I)ncI

**Not** 提示

Sonu sesli ile biten sayılarda ekler "-ncI" yazılır; Sonu sessiz ile biten sayılarda ekler "-IncI" yazılır. 以元音结尾的基数词序数后缀为-ncI，以辅音结尾的基数词先添加连接辅助元音ı, i, u, ü, 再添加序数后缀-ncI。序数后缀和连接辅助元音都遵循元音符合规则：

a, ı → -(ı)ncı

e, i → -(i)nci

o, u → -(u)ncu

ö, ü → -(ü)ncü

# 第五课  您家有几个房间?
## KONU 5  EVİNİZ KAÇ ODALI?

**Örnekler**  示例

| | |
|---|---|
| İkinci sınıftayım. | 我上二年级。 |
| Evimiz beşinci kattadır. | 我们家在五层。 |
| Dördüncü ay nisan ayıdır. | 第四个月是四月。 |
| On altıncı yaş günüm pazartesi günüdür. | 我的16岁生日是星期一。 |
| Bu hafta dördüncü sözlü sınav var. | 这周有第四次口语测试。 |

**Asıl sayı ve Sıra sayı**  序数词、基数词对应表

| Rakam 数字 | Yazı 写法 | Sıra Sayı 序数词 | Rakamla 数字表示 | Rakam 数字 | Yazı 写法 | Sıra Sayı 序数词 | Rakamla 数字表示 |
|---|---|---|---|---|---|---|---|
| 1 | bir | birinci | 1. | 11 | on bir | on birinci | 11. |
| 2 | İki | İkinci | 2. | 20 | yirmi | yirminci | 20. |
| 3 | üç | üçüncü | 3. | 30 | otuz | otuzuncu | 30. |
| 4 | dört | dördüncü | 4. | 40 | kırk | kırkıncı | 40. |
| 5 | beş | beşinci | 5. | 50 | elli | ellinci | 50. |
| 6 | altı | altıncı | 6. | 60 | altmış | altmışıncı | 60. |
| 7 | yedi | yedinci | 7. | 70 | yetmiş | yetmişinci | 70. |
| 8 | sekiz | sekizinci | 8. | 80 | sekson | sekseninci | 80. |
| 9 | dokuz | dokuzuncu | 9. | 90 | doksan | doksanıncı | 90. |
| 10 | on | onuncu | 10. | 100 | yüz | yüzüncü | 100. |

Rakamların sağına konan nokta sıra sayı (-ıncı) ifadesini taşır.  序数词也可通过在数字后加 "." 来表示。例如:

25. (yirmi beşinci)    42. (kırk ikinci)    10. (yüz sekizinci)

# 练习 ALIŞTIRMALAR

**1. Aşağıdaki rakamları yazıyla yazınız.** 请写出下列数字的书面形式。

17: _____   54: _____   505: _____

36: _____   86: _____   139: _____

**2. Aşağıdaki soruları cevaplayınız.** 请回答下列问题。

(1) A: Bugün hangi dersler var?   (2) A: Birinci ay hangi ay?

   B: Birinci ders_____.      B:_____.

   ikinci ders_____ ,

   üçüncü ders _____ ,

   dördüncü ders_____.

(3) A: Bu, kaçıncı ay?             (4) A: Bu, kaçıncı sınav?

   B:_____.           B: _____.

                                    B: _____.

(5) A: Müzik listesinde birinci   (6) A: Maçta ikinci golü kim attı?

   sırada kim var?                 B: _____.

**3. Aşağıdakileri eşleştiriniz.** 请连线。

   A. yedinci          a. 1.

   B. dokuzuncu        b. 100.

   C. yirmi üçüncü     c. 23.

   D. birinci          d. 9.

   E. yüzüncü          e. 7.

KONU 5　EVİNİZ KAÇ ODALI?

**4. Aşağıdaki boşlukları uygun eklerle doldurunuz.** 请在下列空白处填入合适的词缀。

(1) yedi_____ öğrenci. (7.)

(2) dokuz_____ sınıf. (9.)

(3) altı_____. sporcu. (6.)

(4) yirmi bir_____ sokak. (21.)

## 数量分配形容词　ÜLEŞTİRME SAYI SIFATLARI

**Tanım** Bölme, ayırma, paylaştırma, dağıtma ifade eden sıfatlara üleştirme sayı sıfatlar denir.

**定义** 表示划分、分离、分配、分布的形容词称为数量分配形容词。

**Yapılışı** sayı + -(ş)$Ar$, Sonu sessizle biten kelimeye "-ar er"; sonu sesliyle biten kelimeye "-şar -şer" eki getirilir. (Sesliyse "ş" kaynaştırma eki gelir.)

**构成** 数字+ -(ş)$Ar$。以辅音结尾的数字加-ar, er；以元音结尾的数字先添加连接辅助音 -ş-，再加后缀 -ar, -er。后缀应与词干保持元音和谐：a,ı,o,u → (ş)ar；e,i,ö,ü → (ş)er。

**Örnekler** 示例

bir→birer　　　iki → ikişer　　üç → üçer　　dört → dörder

beş → beşer　　altı → altışar　yedi → yedişer

sekiz → sekizer　dokuz → dokuzar　　on → onar

Avizelerde beşer lamba var.　　每组枝形吊灯上有5个灯头。

Her sınıftan üçer grup yarışmaya 每班三组参赛。
katılsın.

| Paketlerde on ikişer yumurta var. | 每个包裹里有12枚鸡蛋。 |
| Çocuklara onar bin lira verdim. | 我给了每个孩子1万里拉。 |
| Bu yıl üçer milyon kazandık. | 这一年我们每人都挣了三百万。 |
| Pazardan ikişer kilo portakal ve elma aldım. | 我在市场买了橙子和苹果各2公斤。 |
| Tabaklara ikişer elma ve birer bıçak koyun. | 每个盘子里各放了2个苹果和1把刀。 |

**Not　提示**

1. 当要表示的数是100的整数倍时，后缀加在X yüz的X后或 yüz后均可，如 üçer yüz / üç yüzer。

2. 当要表示的数超过1000且可以被1000整除时（如2,000，50,000,000），分配后缀加在可被1000整除的数之前的部分，如 sekizer bin。

3. Bu ek "-(ş)Ar-" ikilemelerde zarf görevinde kullanılır. 缀有 -(ş)Ar单词的重叠形式用作状语。例如：

| İkişer ikişer sıra olun. | 两两成行。 |
| Onar onar grup yapın. | 每10个人结成一组。 |
| Teker teker konuşun. | 你们一个一个说。 |
| Beşer beşer yürümeyin. | 不要五个人五个人地走。 |

第五课　您家有几个房间？
KONU 5　EVİNİZ KAÇ ODALI?

## 练习　ALIŞTIRMALAR

1. Aşağıdaki boşlukları "-(ş)Ar" uygun olanlarla doldurunuz.　请将词缀-(ş)Ar 的适当形式填入下列空白处。

   (1) Bize bir＿＿＿＿＿＿＿＿＿ porsiyon döner getirin.

   (2) Arkadaşlar! Kutuları iki＿＿＿＿＿ iki＿＿＿＿＿ taşıyın.

   (3) Bir＿＿＿＿＿. bir ＿＿＿＿＿ konuşun.

   (4) Paketleri beş＿＿＿＿＿ beş＿＿＿＿＿ dizin.

   (5) Bütün arabalara beş.＿＿＿＿＿ öğrenci bindi.

   (6) Her kelimeyi on.＿＿＿＿＿ defa yazın.

2. Aşağıdakileri eşleştiriniz.　请连线。

   A. bir　　　　　　a. -şer

   B. altı　　　　　 b. -ar

   C. dokuz　　　　 c. -er

   D. iki　　　　　　d. -şar

   E. sekiz　　　　　e. -er

## 分数　KESİR SAYI SIFATLARI

**Tanım** Varlıkların bütün içerisindeki miktarını belirten sayı sıfatlarına kesir sayı sıfatı denir.

**定义** 分数是表示部分在整体中所占比例的数。

**Örnekler** 示例

Masada yarım ekmek var.　　　　　桌上有半个面包。

Fiyatlarda yüzde on artış var.　　　价格上涨了10%。

| | |
|---|---|
| Yarım saat ders çalıştım. | 我做了半小时功课。 |
| Satışlarda yüzde yirmi kar ettik. | 我们卖货盈利20%。 |
| Hastanın iyileşmesi için yüzde otuz ihtimal var. | 有20%的可能性痊愈。 |
| Bu kıyafetlerde yüzde yirmi beş indirim var. | 这件制服减价25%。 |
| Sınıfın yüzde sekseni sınavı kazandı. | 班里80%的人通过了考试。 |

| Yazılışı 数字写法 | Okunuşu 读法 |
|---|---|
| 1/3 | üçte bir / bir bölü üç |
| 2/8 | sekizde iki / İki bölü sekiz |
| 1/2 | yarım / bir bölü iki |
| 1/4 | çeyrek / bir bölü dört |
| 5/5 | tam / beş bölü beş |
| %100 | yüzde yüz |
| %99 | yüzde doksan dokuz |

**Not 提示**

1. "Yarım, buçuk, yarı"：Yarım, buçuk和yarı都表示"半"，但用法不同。Yarım与基数词的用法相同，单独使用，只用于指代整体中的一半本身，如yarım portakal（半个橙子）；buçuk 表示在"1"之外"又一半"的概念，前面要有数字，如iki buçuk（$2\frac{1}{2}$）；yarı是名词，常用部分所有格（yarı-sı）表示，如 gece yarısı（午夜，夜半）。比如：0,5 → yarım 1,5 → bir buçuk。

**Örnekler 示例**

Pazardan yarım kilo acı biber ve bir buçuk kilo domates aldım.
我从市场上买了半公斤辣椒和一公斤半番茄。

Ali yarım saat içinde Bursa'ya inecek, yaklaşık saat altı buçukta.
阿里会在半小时内降落在布尔萨，大约六点半。

## 第五课　您家有几个房间？
### KONU 5　EVİNİZ KAÇ ODALI?

Kemal yarısı boş bir şişe şarapla yalnız başına oturdu.
凯末尔独对半瓶酒。

2. Çeyrek ($\frac{1}{4}$) 是唯一可以与连接词 ve + 整数合用的数量词，有无连词意思不同。如：üç ve bir çeyrek（$4\frac{1}{4}$），üç çeyrek（$\frac{3}{4}$）。Çeyrek 的用法可以与英文 quarter 结合理解。

3. 分数的两种表达方法：（1）用位格后缀 -DA，如 dörtte bir（$\frac{1}{4}$），ikide üç（$\frac{3}{2}$）；（2）用 bölü，如 iki bölü beş（$\frac{2}{5}$）。

4. 小数：土耳其语中，小数点的数学符号表达为 ",", 读作 virgül。如 üç virgül otuz iki (3, 32)。

5. 百分数：yüzde 表达"百分之"的含义。如 yüzde beş (%5)。土耳其语中，百分号（%）在前，数字在后。

6. 当表示整数、整体或整体中的部分时，Çeyrek、分数、小数和百分数都可用作所有格结构或领属结构的中心词。如：
yirmi-nin 20（属格）　　sekiz-de（位格）　　yedi-si（所有格）

## 练习　ALIŞTIRMALAR

1. Aşağıdaki kesirli sayıları yazıyla yazınız.　请写出下列分数。

　　(1) 2/4 : _____
　　(2) 6/9 : _____
　　(3) 1/3 : _____
　　(4) 3/4 : _____

2. **Aşağıda yazıyla verilen kesirli sayıları rakamla yazınız.** 请写出下列数字。

(1) üç bölü beş : _____

(2) yedi bölü on: _____

(3) dörtte beş : _____

(4) altıda üç: _____

## 名词变格　İSMİN HÂLLERİ

İsimler, bulundukları duruma ve aldıkları hâl eklerine göre sekize ayrılır. 根据名词或代名词语义角色的不同，可以将它们分为8种语义格：

1. Yalın hâl　　　　　原格
2. Bulunma hâli　　　位格
3. Yönelme hâli　　　向格
4. Ayrılma hâli　　　从格
5. Belirtme hâli　　　宾格
6. Vasıta hâli　　　　与格
7. İlgi hâli　　　　　所有格
8. Eşitlik hâli　　　　等格

İsmin Hâllerinin Tablosu　名词变格表（部分）

| | Ekler 词缀 | | Örnekler 示例 | | |
|---|---|---|---|---|---|
| | 以元音结尾的词 | 以辅音结尾的词 | | | |
| Yalın 原格 | - | - | masa | okul | ev |
| Bulunma 位格 | -da/-de | -da/-de/-ta/-te | masada | okulda | evde |
| Yönelme 向格 | -ya/-ye | -a/-e | masaya | okula | eve |

（续表）

|  | Ekler 词缀 | | Örnekler 示例 | | |
| --- | --- | --- | --- | --- | --- |
|  | 以元音结尾的词 | 以辅音结尾的词 | | | |
| Ayrılma 从格 | -dan/-den | -dan/-den/-tan/-ten | masadan | okuldan | evden |
| Belirtme 宾格 | -yı/-yi/-yu/-yü | -ı/-i/-u/-ü | masayı | okulu | evi |
| İlgi 所有格 | -nın/-nin/-nun/-nün | -ın/-in/-un/-ün | masanın | okulun | evin |

## 名词原格　İSMİN YALIN HÂLİ

İsimlerin hâl eki almamış yalın durumudur.　没有语义格词缀的名词是原格。例如：

Ahmet, kitap okuyor.　　　　　艾哈迈德读书。

**Not　提示**

Bir isim, iyelik eki ve çoğul eki de alsa yalın sayılır.　带有领属性词缀和表复数词缀的名词也是原格。例如：

Bu kalemler kimin?　　　　　这些笔是谁的？
Benim kitabım nerede?　　　　我的书在哪儿？

## 名词位格　İSMİN BULUNMA HÂLİ (-da, -de)

"DA" hâl eki ismi fiile ve fiilin meydana geldiği yeri ve zamanı gösterir. 位格是表示动作发生的地点和时间。

1. 位格中元音的变化应与所接单词的末尾音节元音保持符合元音和谐规则：-a/ı/o/u → -Da, -e/i/ö/ü →De；辅音变化应注意同化：以 f,s,t,k,ç,ş,h,p 结尾的名词添加词缀时，若词缀开头为-d，则变为 -t。

oda-da 在房间　　　　　bahçe-de 在公园

sınıf-ta 在教室　　　　　sepet-te 在篮子里

2. 位格后缀的添加规则：

（1）isim + -DA 名词+位格后缀

okul-da 在学校　　　　ev-de 在家

（2）isim+ iyelik eki + -DA 名词+领属性词缀+位格后缀

okul-um-da 在我的学校　ev-iniz-de 在您家

（3）İsim + çokluk eki +İyelik eki + -DA 名词+复数词缀+领属性词缀+位格词缀

ev-ler-imiz-de 在你们的家里

3. İsmin bulunma halini bu üç soruyla bulabiliriz 名词位格有三种提问方式：Nerede，Neresinde, Kimde。

（1）NEREDE?　在哪里？

**Örnekler**　示例

A: Nerede ders çalışıyorsun?　　你在哪里学习？

B: Kütüphanede ders çalışıyorum.　我在图书馆学习。

A: Veli bey nerede?　　　　　　韦利先生在哪里？

B: Veli bey ofiste　　　　　　　韦利先生在办公室。

**Kullanımı**　用法

① İsmi fiile bağlarken fiilin yerini bildirir.　表示动作发生的地点。例如：

Kuşlar, yuvada yaşıyor.　　　　鸟栖息在窝里。

Ablam, mutfakta yemek pişiriyor　我姐姐在厨房做饭。

## 第五课 您家有几个房间?
### KONU 5　EVİNİZ KAÇ ODALI?

② İsmi fiile bağlarken fiilin zamanını bildirir.　表示动作发生的时间。例如：

| | |
|---|---|
| Günümüzde bu programlar kullanılmıyor. | 当今已经不用这个程序了。 |
| Gecenin bu saatinde beni niçin rahatsız ediyorsunuz? | 你们为什么在夜里这个钟点打扰我？ |
| Pikniğe ayda bir defa gidiyoruz.. | 我们每月一次野餐。 |

③ İsmi fiile "içinde olma, içinde bulunma" anlamıyla bağlar.　连接名词和动词，表示动作内含或包含在名词中，意为"在……里/中"。例如：

| | |
|---|---|
| Aklınızda ne düşünüyorsunuz? | 你们心里在想些什么？ |
| Kitaplarınızda bu konudan bahsediyor musunuz? | 这个话题在你们书上提到了吗？ |
| Bu filmde farklı bir teknik kullanıyoruz. | 这部电影用了一个不同的技巧。 |

④ Kesirli sayıları ifade etmede kullanılır.　用于表示分数。例如：

| | |
|---|---|
| Bilgisayar ürünlerine yüzde elli zam geliyor. | 计算机的价格上涨了50%。 |
| Servetinin üçte ikisini bağışlıyor. | 他捐出了三分之二的财产。 |

⑤ Sayı isimlerinde yaş bildirir.　数字词加位格表示年龄。例如：

| | |
|---|---|
| Dedem, yetmişinde; ama hâlâ spor yapıyor. | 我的爷爷70岁，但仍然运动。 |
| Halit Bey, otuzunda üniversiteye başladı. | 哈里特先生30岁时开始上大学。 |

⑥ İsim ve sıfat tamlamalarının tamlayan ve tamlanan ögelerinde yer alarak sıfat görevinde kelimeler yapar. 用在名词和形容词组成的短语中，做修饰或被修饰成分，具有形容词的功能。例如：

İleri seviyede İngilizce biliyorum. 我掌握高水平的英语。
Orta büyüklükte bir evde kalıyoruz. 我们住在中等大小的房子里。

⑦ Eş (benzer) veya zıt anlamlı ikilemeler kurar. 在由一对近义词或反义词组成的重叠词之中使用。例如：

Sağda solda ne arıyorsun? 你在左寻右找些什么？
Zorlukta kolaylıkta her zaman yanındayım. 风雨同舟。

⑧ Bulunma hâli eki, 3.tekil ve 3.çoğul şahıs iyelik eklerine doğrudan gelmez. İsim tamlamalarında araya "n" kaynaştırma harfi girer. 第三人称单复数的属格后缀之后不能直接加位格词缀，而要在属格后缀后、位格词缀前加连接辅助音-n-。例如：

Otobüs durağında otobüs bekliyor. 他在公交车站等公交车。
Oturma odasında televizyon seyrediyorum. 我在起居室看电视。
Okulun bahçesinde futbol oynuyoruz 我们在学校的院子里踢足球。

（2）NERESİNDE? 在哪里？
Tanım Yer, yön ifade eden bir soru zamiridir.
表示位置与方向的疑问代词。

**Örnekler** 示例
A: Neresinde? 在哪里？　　A: Neresinde? 在哪里？
B: Masanın üstünde. 在桌子上。 B: Yolun solunda. 在路的左边。

# 第五课　您家有几个房间?
## KONU 5　EVİNİZ KAÇ ODALI?

A: Neresinde? 在哪里?
B: Kapının arkasında.
在门后边。

A: Neresinde? 在哪里?
B: Panonun altında.
在嵌板下面。

A: Neresinde? 在哪里?
B: Kitabın içinde. 在书里。

A: Neresinde? 在哪里?
B: Salın sağında.
在筏子的右方。

A: Neresinde? 在哪里?
B: Sinemanın karşısında.
在电影院对面。

A: Neresinde? 在哪里?
B: Amerika'nın güneyinde.
在美国的南边。

A: Neresinde? 在哪里?
B: Türkiye'nin kuzeyinde.
在土耳其的北边。

A: Kırgızistan Neresinde?
吉尔吉斯斯坦在哪里?
B: Çin'in batısında, Özbekistan'ın doğunda. 在中国的西边, 乌兹别克斯坦的东边。

（3）KİMDE?　在谁那儿?
人称代词的位格形式:

| kim? | kimde? |
| --- | --- |
| ben | bende |
| sen | sende |
| o | onda |
| biz | bizde |
| siz | sizde |
| onlar | onlarda |

**Örnekler**　示例

A: Kimde kalem var?　　　谁那儿有笔?
B: Bende kalem var.　　　我这儿有笔。
　　Bizde para yok.　　　我们这儿没钱。
　　Sizde telefon kartı var mı?　你们有电话卡吗?

## 连接辅助辅音　KAYNAŞTIRMA HARFLERİ

**Tanım** Türkçede iki ünlü harf yan yana bulunmaz. Ünlü ile biten kelimelere ünlü ile başlayan bir ek gelirse iki ünlü harf arasına " -y, -ş, -s, -n" kaynaştırma harfleri girer.

**定义** 土耳其语中为了避免词干末尾的元音和词缀上的首元音相遇，在两个元音之间加入连接辅助辅音-y, -ş, -s, -n。

Türkçede dört tane kaynaştırma harfleri vardır. 土耳其语中有四个辅音连接辅助音：

1. İsimlere hal ekleri gelirse "-y" kaynaştırma harfi kullanılır. 名词变格使用连接辅助音-y-。例如：

Masa-y-a kitabı koydu.　　他把书放在桌上。
Çanta-y-ı aldı.　　她买了包。

2. Tamlamalarda iyelik ekleriyle hal ekleri arasına "-n" kaynaştırma harfi girer. 词组中领属性词缀和变格之间需加入连接辅助音-n-。例如：

Sınıfın kapısı-n-ı kırmış.　　教室的门坏了。
Arkadaşının kitabı-n-ı kütüphaneye teslim etmiş.
他把朋友的书送到图书馆。

3. Üçüncü tekil şahıs iyelik eklerinden önce "-s" kaynaştırma harfi kullanılır. 第三人称单数领属性词缀前连接辅助音用-s-。例如：

Okulun bahçe-s-i　学校的花园　　Şehrin cade-s-i　城市的街道

4. Üleştirme sayı sıfatlarında "-ş-" kaynaştırma harfi kullanılır. 在数量区分配形容数词中连接辅助音用-ş-。例如：

İki-ş-er    İkişer ikişer sıra olun.    两个一行。

Altı-ş-ar   Voleybol altışar kişiyle oynanır.
            排球比赛每个队由六个人组成。

## 练习　ALIŞTIRMALAR

1. **Aşağıdaki cümleleri bulunma hâli ekiyle tamamlayınız.** 请在下列句子中填入位格词缀。

   (1) Ağaç_____ kuşlar var.

   (2) Ev_____ babam yok.

   (3) Okul_____ kantin yok.

   (4) Ali, durak_____ otobüs bekliyor.

   (5) Öğrenciler bahçe_____ top oynuyor.

   (6) Ayşe, hastane_____ yatıyor.

   (7) Dedem, bahçe_____ çiçek suluyor.

   (8) Sınıf_____ televizyon var.

   (9) Annem, mutfak_____ yemek yapıyor.

   (10) Sekreter ofis_____ çalışıyor.

2. **Aşağıdaki cümleleri bulunma hâli ekiyle tamamlayınız.** 请在下列句子中填入位格词缀。

   (1) Yasemin'_____ tiyatro bileti var.

   (2) Öğrenciler_____ kitap yok.

   (3) Erol'_____ silgi var mı?

   (4) Baban_____ cep telefonu var mı?

(5) Doktor_____ hiç sıra yok.

(6) Siz_____ ders çalışalım mı?

(7) Biz_____ bugün misafir var.

(8) Polis_____ telsiz var.

(9) Siz_____ fazla otobüs bileti var mı?

(10) Ali_____ cep telefonu yok.

3. Aşağıdaki boşlukları uygun hâl ekleriyle tamamlayınız. 请在下列句子中填入适合的位格词缀。

(1) Kuş nerede?     Kuş kafes_____

(2) Ali nerede?     Ali, İstanbul_____

(3) İşçi nerede?    İşçi fabrika_____

(4) Öğrenci nerede? Öğrenci sınıf_____

(5) Araba nerede?   Araba garaj_____

(6) Sekreter nerede? Sekreter ofis_____

(7) Onlar nerede?   Onlar sinema_____

(8) Biz neredeyiz?  Biz yatakhane_____

(9) Siz neredesiniz? Biz gemi_____

(10) Sen neredesin? Ben balkon_____

4. Aşağıdaki boşlukları uygun eklerle tamamlayınız. 请在下列空白处填入合适的后缀。

(1) Ben neredeyim?    Sen evde_____

(2) Sen neredesin?    Ben yatakhane._____

(3) O nerede?         O sokak._____

(4) Biz neredeyiz?    Biz lokanta_____

(5) Siz neredesiniz?  Biz çatı_____

(6) Onlar neredeler?  Onlar piknik_____

第五课　您家有几个房间?
KONU 5　EVİNİZ KAÇ ODALI?

**5. Aşağıdaki soruları örnekteki gibi cevaplayınız.**　请仿照示例回答下列问题。

A: Kimde kalemtraş var? (Ayşe)
B: Ayşe'de kalemtraş var.

(1) A: Kimde kitap var? (Halime)
　　B:＿＿＿＿＿＿＿＿＿＿＿

(2) A: Çöp kutusu nerede? (Sınıf)
　　B:＿＿＿＿＿＿＿＿＿＿＿

(3) A: Sınıf defteri kimde? (Ali)
　　B:＿＿＿＿＿＿＿＿＿＿＿

(4) A: Nerede akıllı tahta var? (9-A sınıfı)
　　B:＿＿＿＿＿＿＿＿＿＿＿

**6. Aşağıdaki boşluklara uygun tamlanan ekleri yazınız.**　请在下列空白处填入合适的词缀。

(1) Çantanın içi＿＿＿＿＿＿＿＿＿＿＿
(2) Ütünün yan＿＿＿＿＿＿＿＿＿＿＿
(3) Sinemanın karşı＿＿＿＿＿＿＿＿＿＿＿
(4) Odanın köşe＿＿＿＿＿＿＿＿＿＿＿
(5) Sandalyenin yan＿＿＿＿＿＿＿＿＿＿＿
(6) Sehpanın üst＿＿＿＿＿＿＿＿＿＿＿
(7) Dolabın iç＿＿＿＿＿＿＿＿＿＿＿
(8) Tezgâhın üst＿＿＿＿＿＿＿＿＿＿＿
(9) Televizyonun alt＿＿＿＿＿＿＿＿＿＿＿
(10) Koltuğun yan＿＿＿＿＿＿＿＿＿＿＿

**7. Aşağıdaki soruları cevaplayınız.**　请回答下列问题。

(1) Televizyon, odanın neresinde?

　＿＿＿＿＿＿＿＿＿＿＿＿＿＿＿＿＿＿＿＿＿＿＿

(2) Siyah kedi, sehpanın neresinde?

　＿＿＿＿＿＿＿＿＿＿＿＿＿＿＿＿＿＿＿＿＿＿＿

(3) Beyaz kedi, sandalyenin neresinde?

_____

(4) Çiçek, pencerenin neresinde?

_____

(5) Koltuk, dolabın neresinde?

_____

(6) Şişeler, dolabın neresinde?

_____

(7) Tablo, dolabın neresinde?

_____

(8) Sehpa, odanın neresinde?

_____

(9) Sandalye, sehpanın neresinde?

_____

(10) Tablo, dolabın neresinde?

_____

# 第六课　亚塞明是您的什么人？
# KONU 6　YASEMİN BEY NEYİNİZ OLUYOR?

Ek Fiilin Geniş Zamanı　宽广时谓语性后缀

Yeterlilik Fiili　能愿动词

Benim adım Mesut. 17 yaşındayım ve lise üçüncü sınıf öğrencisiyim. Ben ileride gazeteci olmak istiyorum.

Kız kardeşim Yasemin ise 14 yaşında. O, sekizinci sınıf öğrencisidir. Yasemin, doktor olmak istiyor.

Annem ve babam kırk bir yaşındadırlar. Annem ev hanımı, babam avukattır. Biz birlikte çok mutluyuz. Büyük babam ve büyük annem sık sık bize gelir. Onlar kardeşim ve beni çok seviyorlar. Bu akşam da bize gelebilirler. Ben de onları çok seviyorum. Bu akşam Ankara'da yaşayan amcam da gelebilir. Şu anda yoldadır. Tabii ki onunla birlikte

我的名字叫梅苏特。我17岁，是一名高中三年级学生。我以后想当一名记者。

我妹妹亚塞明14岁。她是八年级学生。亚塞明想要当医生。

我的妈妈和爸爸都是41岁。妈妈是家庭主妇，爸爸是律师。我们在一起很幸福。我的爷爷奶奶经常来看我们。他们很爱我妹妹和我。今晚他们要来我们这里。我也很爱他们。今晚住在安卡拉的叔叔也会来，他现在正在路上。当然婶婶也会和他一起来。我们都很想念他们。妈妈为晚上准

yengem de geliyor. Hepimiz onları çok 备了酥皮点心和糕点。她准备
özledik.Hepimiz onları çok özledik. 的酥皮点心非常美味。
Annem akşam için pasta ve kek
hazırlıyordu. Onun hazırladığı pastalar
çok lezzetlidir.

### 谓语性后缀　EK FİİL

**Tanım** İsimlerin sonuna gelerek onların yüklem olmasını sağlayan ektir.

**定义** 谓语性后缀是在名词后加词缀使其变为谓语成分。

Ek fiilin iki görevi vardır: isim soylu kelimeleri yüklemleştirir; basit zamanlara gelerek birleşik zaman yapar.

谓语性后缀有两个功能：使名词性词语变成谓语；把简单时态变为复合时态。

**Örnekler 示例**

| | |
|---|---|
| Ahmet, tembeldir. | 艾哈迈德是个懒汉。 |
| Kardeşim, Ankara'dadır. | 我的兄弟在安卡拉。 |
| Kız kardeşim, hemşiredir. | 我妹妹是护士。 |
| Beş yıl önce neredeydiniz? | 5年前您在哪里？ |
| Doktor değildim. | 我不是医生。 |

Ek fiilin aşağıdaki kiplerde çekimleri vardır:　谓语性词缀有如下几种形式：

1. Ek Fiilin Geniş Zamanı　宽广时谓语性后缀（本课内容）
2. Ek Fiilin Görülen Geçmiş Zamanı　确指过去时谓语性词缀
3. Ek Fiilin Duyulan Geçmiş Zamanı　非确指过去时谓语性词缀
4. Ek Fiilin Dilek-Şartı　祈愿-条件式谓语性词缀

# 第六课 亚塞明是您的什么人?
## KONU 6 YASEMİN BEY NEYİNİZ OLUYOR?

## EK FİİLİN GENİŞ ZAMANI 宽广时谓语性后缀

Geniş zamanda ek fiilin sadece 3. Şahıslarda (o, onlar) "-dir" şekli kullanılır. Diğer şahıslarda şahıs ekleri kullanılır. 谓语性后缀中，只有第三人称（o,onlar）使用-dir形式。其他人称使用不同的人称后缀。

不同人称的谓语性后缀对应表

| Şahıslar<br>人称代词 | Ek fiilin Geniş Zamanı<br>谓语性后缀 | Örnekler (isim)<br>示例（名词） | Örnekler (sıfat)<br>示例（形容词） |
|---|---|---|---|
| Ben | -(y)*I*m | öğrenci-y-im | yorgun-um |
| Sen | -s*I*n | öğrenci-sin | yorgun-sun |
| o | -*DI*r | öğrenci(-dir) | yorgun(-dur) |
| Biz | -(y)*I*z | öğrenci-y-iz | yorgun-uz |
| Siz | -s*I*n*I*z | öğrenci-siniz | yorgun-sunuz |
| Onlar | -l*A*r*DI*r | öğrenci-ler(-dir) | yorgun-lar(-dır) |

**Not** 提示

1. Üçüncü şahıslara gelen "-dır" ek fiili genellikle düşer. 第三人称的谓语性词缀*DI*r经常省略。

O, doktor(dur). 他是医生。
Onların her ikisi de iyi öğrenciler(dir). 他们两人都是好学生。

2. Birinci tekil şahıs iyelik eki ile ek fiilin geniş zaman birinci tekil şahıs eki karıştırılmamalıdır. İyelik eklerinden önce iyelik zamiri olur. 不要将第一人称的领属性词缀与其宽广时谓语性词缀混淆。领属性词缀之前有物主代词。

Ben öğretmen-im.  我是老师。
(ek fiil geniş zaman eki)  （宽广时谓语性词缀）
Benim öğretmen-im  我的老师
(iyelik eki)  （领属性词缀）

3. 在人称代词后添加宽广时谓语性后缀时，应注意根据元音和谐规则变化后缀中的元音。

4. Sesli harfle biten bir kelimenin sonuna sesli harfle başlayan bir ek gelirse araya kaynaştırma harfi "y" girer. 在以元音字母结尾的单词后紧接一个以元音开头的后缀时，添加连接辅助辅音字母-y-。

### FİİL ÇEKİMİ  动词变位

1. Ek Fiilin Geniş Zaman Olumlu Çekimi  宽广时谓语性后缀的肯定式

| | İsim + ek fiilin geniş zaman eki | | |
|---|---|---|---|
| | öğrenci | çalışkan | güzel |
| ben | öğrenci-y-im | çalışkan-ım | güzel-im |
| sen | öğrenci-sin | çalışkan-sın | güzel-sin |
| o | öğrenci(-dir) | çalışkan(-dır) | güzel(-dir) |
| biz | öğrenci-y-iz | çalışkan-ız | güzel-iz |
| siz | öğrenci-siniz | çalışkan-sınız | güzel-siniz |
| onlar | öğrenci-ler | çalışkan-lar | güzel-ler |

### Örnekler  示例

Ahmet, çok yakışıklıdır.  艾哈迈德非常帅气。
- Nasılsın? -İyiyim.  —你好吗？ —我很好。
- Kimsin? - Selimim.  —你是谁？ —我是塞利姆。

## 第六课　亚塞明是您的什么人?
### KONU 6　YASEMİN BEY NEYİNİZ OLUYOR?

2. Ek Fiilin Geniş Zaman Olumsuz Çekimi 宽广时谓语性后缀的否定式

| | İsim değil + ek fiilin geniş zaman eki | | |
|---|---|---|---|
| | öğrenci | çalışkan | güzel |
| ben | öğrenci değilim | çalışkan değilim | güzel değilim |
| sen | öğrenci değilsin | çalışkan değilsin | güzel değilsin |
| o | öğrenci değil(dir) | çalışkan değil | güzel değil |
| biz | öğrenci değiliz | çalışkan değiliz | güzel değiliz |
| siz | öğrenci değilsiniz | çalışkan değilsiniz | güzel değilsiniz |
| onlar | öğrenci değiller(dir) | çalışkan değiller | güzel değiller |

**Örnekler**　示例

Futbolcular, sahada değiller.　　足球运动员不在球场上。
Ben mimar değilim, öğretmenim.　我不是建筑师，我是教师。

3. Ek Fiilin Geniş Zaman Soru Çekimi　宽广时谓语性后缀的疑问式

| | İsim + soru eki + ek fiilin geniş zaman eki | | |
|---|---|---|---|
| | öğrenci | çalışkan | güzel |
| ben | öğrenci miyim? | çalışkan mıyım? | güzel miyim? |
| sen | öğrenci misin? | çalışkan mısın? | güzel misin? |
| o | öğrenci mi? | çalışkan mı? | güzel mi? |
| biz | öğrenci miyiz? | çalışkan mıyız? | güzel miyiz? |
| siz | öğrenci misiniz? | çalışkan mısınız? | güzel misiniz? |
| onlar | öğrenci midirler? | çalışkan mıdırlar? | güzel midirler? |

**Örnekler**　示例

Sen, Ahmet misin?　　　　　　　你是艾哈迈德吗？
Kardeşin, hasta mı?　　　　　　你的兄弟生病了吗？
Siz, Saffet amca değil misiniz?　您不是萨菲特叔叔吗？
Hasta mısın oğlum?　　　　　　儿子你生病了吗？

Okulda mısın?　　　　　　你在学校吗?
O, çalışkan mıdır?　　　　 他努力吗?

## 练习　ALIŞTIRMALAR

**1. Aşağıdaki kelimeleri çekimleyiniz.** 请将下列名词（或名词词组）变成宽广时谓语性。

|      | polis | zeki | iş adamı | güçlü |
|------|-------|------|----------|-------|
| ben  |       |      |          |       |
| sen  |       |      |          |       |
| o    |       |      |          |       |
| biz  |       |      |          |       |
| siz  |       |      |          |       |
| onlar|       |      |          |       |

**2. Aşağıdaki boşlukları uygun eklerle tamamlayınız.** 请在下列空白处填入合适的宽广时谓语性后缀。

(1) Ben dişçi _____

(2) Sen mühendis _____

(3) O çalışkan _____

(4) Biz öğrenci _____

(5) Siz zengin _____

(6) Onlar müdür _____

(7) O zeki _____

(8) Siz çocuk _____

(9) Onlar genç _____

(10) Sen yazar _____

## 第六课　亚塞明是您的什么人?
### KONU 6　YASEMİN BEY NEYİNİZ OLUYOR?

3. Aşağıdaki cümlelerdeki hataları düzeltiniz.　请改正下列句子中的错误。

| Yanlış | Doğru |
|---|---|
| (1) Sen nasılım? | _____ |
| (2) Siz iyi mi? | _____ |
| (3) Onlar nasılsınız? | _____ |
| (4) O nasıllar? | _____ |
| (5) Biz nasılsın? | _____ |

## 能愿动词　YETERLİLİK FİİLİ

**Tanım** Fiile, bir işi yapabilme, gücü yetme, rica, izin verme ve ihtimal anlamı kazandırır. Bütün kip fiilleriyle çekimlenir.

**定义** 能愿动词是表达有能力做、能够承担某事，或表达请求、征求许可及可能性的动词。它适用于任何时态。

**Örnekler** 示例

Gitar çalabilirim. (Yapabilme, kabiliyet)　我会弹吉他。（能够，才能）

Bu taşı kaldırabilirim. (Gücü yetme)　我搬得起这块石头。（承担得起）

Taksi çağırabilir misin? (Rica)　你能叫个出租车吗？（请求）

Dışarı çıkabilir miyim? (İzin)　我可以出去吗？（征求许可）

Hava bulutlu yarın yağmur yağabilir. (İhtimal)　多云的天空，明天可能下雨。（可能性）

Sekreter: Buyrun beyefendi.  秘书：先生您请。

Ali Bey: Bu şirkette çalışmak istiyorum.  阿里先生：我想在这个公司工作。

Sekreter: Bilgisayar kullanabilir misiniz?  秘书：您会用计算机吗？

Ali Bey: Evet, kullanabilirim.  阿里先生：是的，我可以用。

Sekreter: Peki, İngilizce konuş-abilir misiniz?  秘书：那么，您会讲英语吗？

Ali Bey: Hayır, konuşamam.  阿里先生：不，我不会讲。

Sekreter: Sonucu biz size daha sonra bildiririz  秘书：我们会在之后告知您结果。

**Yapılışı** Fiil kökü + Yeterlilik fiil eki (-Abilmek)+ Zaman eki (Kip eki) + Şahıs eki

**构成** 动词词干+能愿后缀+时态后缀+人称后缀

（注意，能愿后缀-Abilmek应与词干末尾元音保持元音和谐：-a/ı/o/u → -abilmek，-e/i/ö/ü → -ebilmek）

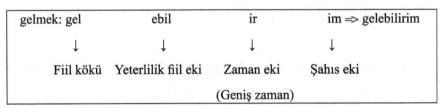

**Örnekler** 示例

konuşmak → konuşabilirim     bakmak → bakabiliriz

oturmak → oturabilirsin      çalmak → çalabilirsiniz

giymek → giyebilir           kapatmak → kapatabilirler

# 第六课　亚塞明是您的什么人？
## KONU 6   YASEMİN BEY NEYİNİZ OLUYOR?

| | |
|---|---|
| Ahmet bugün bize gelebilir. | 艾哈迈德今天可以和我们一起来。 |
| Affedersiniz, sinemaya nasıl gidebiliriz? | 劳驾，请问我们该怎么去电影院呢？ |
| Onlar soruyu cevaplayabilirler. | 他们可以回答问题。 |
| Soğuk su içme! Hasta olabilirsin. | 不要喝凉水！你会生病的。 |

### FİİL ÇEKİMİ   动词变位

(Geniş Zaman   宽广时)

1. Yeterlilik Fiili (Olumlu)   能愿动词的肯定式

| | fiil + -ebil + geniş zaman eki + şahıs eki | | |
|---|---|---|---|
| | bakmak | İçmek | açmak |
| ben | bak-abil-ir-im | iç-ebil-ir-im | aç-abil-ir-im |
| sen | bak-abil-ir-sin | iç-ebil-ir-sin | aç-abil-ir-sin |
| o | bak-abil-ir | iç-ebil-ir | aç-abil-ir |
| biz | bak-abil-ir-iz | iç-ebil-ir-iz | aç-abil-iriz |
| siz | bak-abil-ir-siniz | iç-ebil-ir-siniz | aç-abil-ir-siniz |
| onlar | bak-abil-ir-ler | iç-ebil-ir-ler | aç-abil-ir-ler |

### Örnekler   示例

| | |
|---|---|
| Öğleden sonra alışverişe gidebilirim. | 下午我可以去购物。 |
| Dersten sonra maç yapabiliriz. | 下课之后我们可以打比赛。 |
| Babam, akşam eve geç gelebilir. | 爸爸晚上可能晚些回家。 |
| Siz bu sınavı geçebilirsiniz. | 你们会通过这场考试的。 |
| Bana defteri verebilir misin? | 你可以把本子递给我吗？ |

**Not  提示**

"-abil,-ebil" yeterlilik fiili, son harfi ünlü olan fiillere gelirken araya "y"ünsüzü girer.  若词干以元音结尾，在能愿后缀的元音-a/-e之前还要添加辅音辅助音-y-。如：oku-y-abil-ir-iz, dinle-y-ebil-ir-sin。

2. Yeterlilik Fiili (Olumsuz)  能愿动词的否定式

| | fiil + -a/-e + olumsuzluk eki + şahıs eki | | |
|---|---|---|---|
| | bakmak | içmek | açmak |
| ben | bak-a-ma-m | iç-e-me-m | aç-a-ma-m |
| sen | bak-a-maz-sın | iç-e-mez-sin | aç-a-maz-sın |
| o | bak-a-maz | iç-e-mez | aç-a-maz |
| biz | bak-a-ma-yız | iç-e-me-yiz | aç-a-ma-yız |
| siz | bak-a-maz-sınız | iç-e-mez-siniz | aç-a-maz-sınız |
| onlar | bak-a-maz-lar | iç-e-mez-ler | aç-a-maz-lar |

**Örnekler  示例**

Ben bu havuzda yüzemem.　　　　我不能在这水池里游泳。
Ağabeyim, araba kullanamaz.　　　我哥哥不会开车。
Kız kardeşim, ütü yapamaz.　　　　我妹妹不会熨烫。
Çok hastayım okula gidemem.　　　我病得上不了学。
Yarın sınavı var maça gelemez.　　明天有考试，他不能去比赛。
Yağmur yağıyor, pikniğe gidemezler.　下雨了，他们没法去野餐。

3. Yeterlilik Fiili (Soru)  能愿动词的疑问式

| | fiil + -abil/-ebil +zaman eki + soru eki + şahıs eki | | |
|---|---|---|---|
| | bakmak | İçmek | açmak |
| ben | bak-abil-ir miyim? | iç-ebil-ir miyim? | aç-abil-ir miyim? |

## 第六课 亚塞明是您的什么人?
## KONU 6  YASEMİN BEY NEYİNİZ OLUYOR?

（续表）

| | fiil + -abil/-ebil +zaman eki + soru eki + şahıs eki | | |
|---|---|---|---|
| | bakmak | İçmek | açmak |
| sen | bak-abil-ir misin? | iç-ebil-ir misin? | aç-abil-ir misin? |
| o | bak-abil-ir mi? | iç-ebil-ir mi? | aç-abil-ir mi? |
| biz | bak-abil-ir miyiz? | iç-ebil-ir miyiz? | aç-abil-ir miyiz? |
| siz | bak-abil-ir misiniz? | iç-ebil-ir misiniz? | aç-abil-ir misiniz? |
| onlar | bak-abil-ir-ler mi? | iç-ebil-irler mi? | aç-abil-ir-ler mi? |

**Örnekler** 示例

| | |
|---|---|
| Dışarı çıkabilir miyim? | 我可以出去吗? |
| Annen, tatlı yapabilir mi? | 你妈妈会做甜品吗? |
| Hafta sonu kayak yapmaya gidebilir miyiz? | 周末我们可以去滑雪吗? |
| Saat ikide gidebilir misiniz? | 你们可以两点去吗? |

**Kullanımı** 用法

Yeterlilik fiilinin geniş zamanlı çekimi gücü yetme, izin, rica, ihtimal anlamını taşır.

能愿动词表达有能力做、能够承担某事，或请求、征求许可及可能性的语义。

1. Yapabilme anlamı: yeterlilik fiili, yapabilme, gücü yetme anlamlarında kullanılır. 表示能够：能愿动词可表达有能力做、担得起的意思。

| | |
|---|---|
| Bu problemi kim çözebilir? | 谁能解决这个问题? |
| Sence Mehmet 100 kilo kaldırabilir mi? | 你觉得穆罕默德举得起100公斤吗? |
| Arapça konuşabilir misin? | 你会讲阿拉伯语吗? |

2. İzin anlamı: Yeterlilik fiili izin alma ve izin verme anlamlarında kullanılır. 表示许可：能愿动词可表达征求和给予许可。

    A: Babacığım biraz televizyon seyredebilir miyim? 爹地，我可以看一会儿电视吗？(izin alma 征求许可)

    B: Tabi ki canım, televizyon seyredebilirsin. 当然了亲爱的，你可以看电视。(izin verme 给予许可)

3. Rica anlamı: Başkasından istediğimiz şeyleri nazik bir şekilde söylerken kullanırız. 表示请求：能愿动词可礼貌地表达希望他人做某事或从他人处获取某物，语气委婉。

    Garson bey, bir menü alabilir miyim? 服务员先生，我可以拿份菜单吗？

    Pencereyi açabilir misin? 你可以打开窗户吗？

    Hocam, tam anlamadım, tekrar anlatabilir misiniz? 教授，我没有完全理解。您能再解释一遍吗？

4. İhtimal anlamı: yeterlilik fiili; ihtimal olasılık anlamında kullanılabilir. 表示可能性：能愿动词可表达事件发生的可能性。

    Mantoyu giy, yoksa hasta olabilirsin. 披上斗篷，不然你会生病的。

    Yarın Ankara'ya gidebilirim. 明天我可能去安卡拉。

    Gelecek hafta sınav yapabilirim. 下周我可能有考试。

**Dikkat** 注意

1. İhtimal anlamı taşıyan yeterlilik fiilinin olumsuzu yapılırken fiil kökünden sonra olumsuzluk eki "-ma, -me" eki ve yeterlilik fiili "-abil,-ebil" getirilir. Yapılışı: fiil + -mA + -y- + -Abil- +zaman eki + şahıs eki

若表示可能性的否定含义，否定词缀-mA-后的能愿词缀应使用-Abil-，与一般的能愿动词否定式不同。其结构为：动词词干+

## 第六课 亚塞明是您的什么人？
### KONU 6　YASEMİN BEY NEYİNİZ OLUYOR?

-m*A* + -y- + -*A*bil- +时态后缀 + 人称后缀，如：

| | |
|---|---|
| Yarın derse gelmeyebilirim. | 明天我可能不能来上课。（可能性的否定式） |
| Yarın derse gelemem. | 明天我不能来上课。（能够的否定式。语义确定，没有可能性含义） |
| Bu iş yarına bitmeyebilir. | 他到明天可能也做不完这件事。 |
| Bu soruyu yapamayabilirim. | 我可能解答不了这个问题。 |
| Türkiye'ye bu sene de gitmeyebilirim. | 今年我可能也去不了土耳其。 |
| Öğretmen sınav yapmayabilir. | 老师可能不考试了。 |

2. Yeterlilik fiiili kip ekleriyle de kullanılabilir. 能愿动词能够与各种时态一起使用。

### Örnekler　示例

| | |
|---|---|
| Türkçe'yi çok iyi konuşabiliyorum ama iyi yazamıyorum.(Şimdiki zaman) | 我土耳其语说得很好，但写不好。（现在时） |
| Dün ders çalışamadım. (Görülen geçmiş zaman) | 昨天我没能做功课。（确指过去时） |
| Yarınki pikniğe gelemeyeceğim. (Gelecek zaman) | 我去不了明天的野餐。（将来时） |
| Müdür beyi görebilsem izin alacağım. (Dilek-şart) | 如果我能见到董事长，我会得到许可的。（愿望祈愿—条件式） |

## 练习　ALIŞTIRMALAR

**1. Aşağıdaki cümlelerden doğru olanın başına "D"; yanlış olanın başında da "Y" yazınız.** 根据语义判断正误，正确的填"D"，错误的填"Y"。

(1) (　　) İnsan, konuşabilir.

(2) (　　) Tavşan, uçamaz.

(3) (　　) Bebek, yemek yapabilir.

(4) (　　) Hindi, şarkı söyleyebilir.

(5) (　　) Balık, yüzebilir.

(6) (　　) Aslan, hızlı koşabilir.

**2. Aşağıdaki cümleleri eşleştiriniz.** 请连线。

A. Onlar çok ağır　　　　　　a. Çok işim var.

B. Ahmet, çok meşgul.　　　　b. Pikniğe gidebiliriz.

C. Bugün hava çok güzel.　　　c. O koşamaz.

D. Ahmet Bey, çok yaşlı.　　　 d. Ayşe, onları kaldıramaz.

E. İngilizce çok zor.　　　　　e. O pikniğe gelemez.

F. Sana yardım edemem.　　　 f. Yemek yiyemem.

G. Dişimi çektirdim.　　　　　g. Ben İngilizce konuşamam.

**3. Aşağıdaki soruları cevaplayınız** 请用括号中提供的单词回答下列问题。

(1) Hangi hayvan uçabilir? (kelebek)

_____

(2) Hangi hayvan yüzebilir? (balık)

_____

## 第六课 亚塞明是您的什么人?
KONU 6 YASEMİN BEY NEYİNİZ OLUYOR?

(3) Hangi hayvan konuşabilir? (papağan)

_____

(4) Hangi hayvan hızlı koşabilir? (kanguru,ceylan)

_____

(5) Hangi hayvan fare yakalayabilir? (leylek)

_____

**4. Aşağıdaki cümleleri örnekteki gibi yeterlilik fiilinin olumsuzu yapınız.** 请仿照示例，写出下列句子的能愿否定形式。

**Örnek:** Ressam, bu resmi çizebilir.

　　　　Ressam, bu resmi çizemez.

(1) Öğleden sonra eve gidebilirsiniz.

_____

(2) Fransızca'yı öğrenebiliyor musunuz?

_____

(3) Akşamları kitap okuyabiliyor musun?

_____

(4) Maaşınızı ayın sonunda alabilirsiniz.

_____

(5) Bu dar yoldan kamyon geçebilir mi?

_____

**5. Aşağıdaki cümlelerin hangi anlamda kullanıldıklarını yazınız.** 下列句子表达了能愿动词的哪一种语义？

(1) Siz ikiniz dışarı çıkabilirsiniz.

_____

(2) Naim, 170kg'ı kaldırabilir.

_____

(3) 1000 metreyi 4 dakikada koşabilirim.
_____

(4) Bana bir bardak su verebilir misiniz?
_____

(5) Babam, üç gün sonra İstanbul'a gidebilir.
_____


6. **Aşağıdaki boşlukları yeterlilik fiiliyle doldurunuz.** 请在下列空白处填入能愿动词，并做出适当变化。

(1) Arzu, İngilizce biliyor. O, çok güzel ingilizce_____(konuşmak)

(2) Şahin bey Türkçe öğretmeni. O, Türkçe _____(öğretmek)

(3) Mesut Özdil iyi bir futbolcu. O, futbol_____ ( oynamak)

(4) Hava bugün karlı. Uçaklar_____(kalkmak-olumsuz)

(5) Salih amca çok yaşlı. O, futbol _____ (oynamak-olumsuz)


7. **Aşağıdaki test sorularını cevaplayınız.** 单项选择。

(1) Aşağıdaki cümlelerden hangisinde ihtimal anlamı vardır?

　　A) Süleyman, imtihanı kazanamayabilir.

　　B) Atlar, çok hızlı koşabilir.

　　C) Bütün ödevlerimi bu akşam bitiremem.

　　D) Size bir kahve yapabilirim.

(2) Aşağıdaki cümlelerden hangisinde "yeterlik" anlamı vardır?

　　A) Etleri pişirmek için ateş yakmalıyız.

　　B) Siz ikiniz odun toplayın.

　　C) Oğuz ile Arif, su getirebilirler.

　　D) Bir kişi de sofrayı düzenlesin.

KONU 6  YASEMİN BEY NEYİNİZ OLUYOR?

(3) Aşağıdaki cümlelerden hangisinde "kabiliyet, yetenek" anlamı vardır?

A) Dedemin gözleri eskisi kadar iyi görmüyor.

B) Artık kış elbiselerimizi giyebiliriz.

C) Bazı insanlar güzel şarkı söyleyebilir.

D) Soğukta kaldığım için hasta oldum.

(4) "Çocuklar, ağır şeyleri kaldıramazlar."

Bu cümlede altı çizili sözcükte aşağıdaki anlamlardan hangisi vardır?

A) Yetenek.           B) Gücü yetmek.

C) Rica etme.         D) İhtimal.

(5) "Bu çatıya merdivenle çıkılabilir."

Bu cümlenin olumsuzu aşağıdakilerden hangisidir?

A) Bu çatıya merdivenle çıkılamaz.

B) Bu çatıya merdivenle çıktı.

C) Bu çatıya merdivenle çıkılmalı.

D) Bu çatıya merdivenle çıkılmamalı.

(6) Aşağıdaki cümlelerin hangisinde "izin" anlamı vardır?

A) Hafta sonu pikniğe gidebilir miyim?

B) Ali, yemek yapabilir mi?

C) Ayşe, dans edebilir mi?

D) Okullar yarın tatil olabilir mi?

# 第七课　今天有土耳其语课吗？
# KONU 7　BUGÜN TÜRKÇE VAR MI?

> Görülen Geçmiş Zaman　确指过去时
> İsim Tamlamaları　名词词组

Ali: Merhaba Berna, neler yapıyorsun?

阿　里：你好，贝尔纳，你在做什么？

Berna: Merhaba Ali, ders programı değişti. Bugün hangi derslerin olduğunu bilmiyorum. Nasıl öğrenebilirim?

贝尔纳：你好，阿里。课表变了，我不知道今天有什么课。我怎么才能知道呢？

Ali: Ben ders programını aldım. Sana da verebilirim.

阿　里：我拿到了课表，我可以给你。

Berna: Hangi dersler var?

贝尔纳：有哪些课呢？

Ali: Bugün Türkçe, kimya ve resim dersleri var.

阿　里：今天有土耳其语课、化学课和美术课。

Berna: Tamam, ben hepsini yazayım. Peki dersler saat kaçta başlıyor?

贝尔纳：好的，我都记下来。那几点开始上课呢？

Ali: Dersler her gün 08:00'de başlıyor. Sen dünkü matematik dersine neden girmedin?

阿　里：每天8点开始上课。你昨天数学课怎么没来？

# 第七课　今天有土耳其语课吗？
## KONU 7　BUGÜN TÜRKÇE VAR MI?

| | |
|---|---|
| Berna: Çünkü, hastaydım. O yüzden izin alıp eve gittim. Ama şimdi iyiyim. | 贝尔纳：因为我病了。于是我请假回家了。但现在我好了。 |
| Ali: Geçmiş olsun! Biz de merak ettik. | 阿　里：早日康复！我们也很担心你。 |
| Berna: Sağ ol Ali. | 贝尔纳：谢谢你，阿里。 |
| Ali: Duydun mu? Dün tarih öğretmeninin kolu kırıldı. | 阿　里：你听说了吗？昨天历史老师的胳膊骨折了。 |
| Berna: Gerçekten mi? Çok üzüldüm. | 贝尔纳：真的吗？很难过。 |
| Ali: Evet, ben de üzüldüm. İnşallah çabuk iyileşir. | 阿　里：是的，我也很难过。愿他早日康复。 |
| Berna: İnşallah. Ali istersen sınıfa gidelim. | 贝尔纳：但愿如此，要不咱们去教室吧，阿里。 |
| Ali: Peki, Türkçe öğretmeni biraz sonra gelir. | 阿　里：好的，土耳其语老师过一会儿就来了。 |

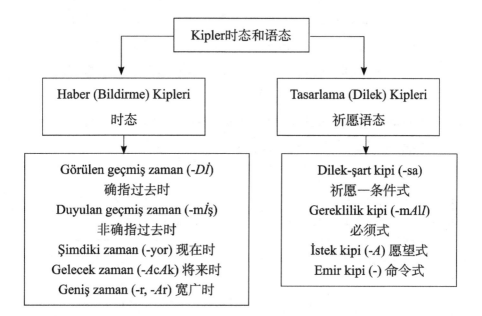

# 确指过去时  GÖRÜLEN GEÇMİŞ ZAMAN (-Dİ'Lİ GEÇMİŞ ZAMAN)

**Tanım** Fiilin belirttiği iş ve oluşun, içinde bulunulan zamandan önce yapıldığını ve kesinlikle bittiğini ifade eder. Fiil, ya konuşan kişi tarafından yapılmıştır ya da konuşan kişi fiilin yapıldığını görmüştür, fiilin yapıldığını bilmektedir.

**定义** 确指过去时表示特定的动作或事件在说话时间之前已经发生且已完全结束。动作的结束是确定的，要么由说话者本人完成动作，要么由说话者亲眼看到了动作完成。

**Örnek Diyalog**　对话示例

Ayşe : Merhaba Ali.　　　　　阿伊莎：你好，阿里。

Ali : Merhaba Ayşe.　　　　　阿　里：你好，阿伊莎。

Ayşe : Dün ne yaptın?　　　　阿伊莎：昨天你做什么了？

Ali : Pikniğe gittim.　　　　　阿　里：昨天我去野餐了。

Ayşe : Piknikte ne yaptın?　　阿伊莎：野餐时你做了什么？

Ali : Bol bol futbol oynadım.　阿　里：我踢了挺长时间足球。

**Yapılışı** Fiil + Görülen geçmiş zaman eki (-*DI*)+ Şahıs eki

**构成** 动词词干+确指过去时词缀+人称后缀

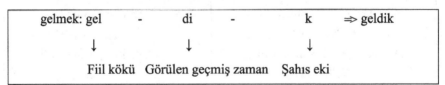

# 第七课 今天有土耳其语课吗？
## KONU 7 BUGÜN TÜRKÇE VAR MI?

**Örnekler** 示例

okumak → okudum  ağlamak → ağladım

bağırmak → bağırdık  yorulmak → yoruldum

**Not** 提示

-*DI*词缀中元音的变化应与词干末尾元音保持元音和谐：-a/ı → -*D*ı, -e/i → -*D*i, -o/u → -*D*u, -ö/ü → -*D*ü；若动词词干以 f, s, t, k, ç, ş, h, p 结尾，词缀中辅音 d 则应同化为 t。

**Örnekler** 示例

okumak → okudum  ağlamak → ağladım

çalışmak → çalıştık  yapmak → yaptınız

bağırmak → bağırdık  yorulmak → yoruldum

bakmak → baktı  seyretmek → seyretti

## FİİL ÇEKİMİ 动词变位

1. Görülen Geçmiş Zaman (Olumlu)  确指过去时（肯定式）

| | fiil + görülen geçmiş zaman eki + şahıs eki | | | |
|---|---|---|---|---|
| | -a,-ı → ı | -e,-i → i | -o,-u → u | -ö,-ü → ü |
| | oynamak | gezmek | susmak | küsmek |
| ben | oynadım | gezdim | sustum | küstüm |
| sen | oynadın | gezdin | sustun | küstün |
| o | oynadı | gezdi | sustu | küstü |
| biz | oynadık | gezdik | sustuk | küstük |
| siz | oynadınız | gezdiniz | sustunuz | küstünüz |
| onlar | oynadılar | gezdiler | sustular | küstüler |

**Örnekler  示例**

Babam, işe gitti.　　　　　　　　　　我爸爸去上班了。
Kardeşim, yemekten sonra uyudu.　　　我弟弟吃完饭睡觉了。
Akşam yemeğinde tavuklu pilav yedik.　晚餐我们吃了鸡肉米饭。
Çocuklar, teneffüste futbol oynadılar.　孩子们在休息时踢足球。

## 2. Görülen Geçmiş Zaman (Olumsuz)　确指过去时（否定式）

| fiil + olumsuzluk eki + görülen geçmiş zaman eki + şahıs eki |||||
|---|---|---|---|---|
| | -a,-ı → ı | -e,-i → i | -o,-u → u | -ö,-ü → ü |
| | oynamak | gezmek | okumak | gülmek |
| ben | oynamadım | gezmedim | okumadım | gülmedim |
| sen | oynamadın | gezmedin | okumadın | gülmedin |
| o | oynamadı | gezmedi | okumadı | gülmedi |
| biz | oynamadık | gezmedik | okumadık | gülmedik |
| siz | oynamadınız | gezmediniz | okumadınız | gülmediniz |
| onlar | oynamadılar | gezmediler | okumadılar | gülmediler |

**Örnekler  示例**

Bu sabah kahvaltı yapmadım.　　　　今天早上我没做早饭。
Ahmet, ödevlerini yazmadı.　　　　　艾哈迈德没写作业。
Babam, eve erken gelmedi.　　　　　我爸爸没有早早回家。
Futbolcular, sahaya çıkmadılar.　　　足球运动员没有上场。

## 3. Görülen Geçmiş Zaman (Soru)　确指过去时（疑问式）

| fiil + görülen geçmiş zaman eki + şahıs eki + soru eki |||||
|---|---|---|---|---|
| | -a,-ı → ı | -e,-i → i | -o,-u → u | -ö,-ü → ü |
| | oynamak | gezmek | okumak | gülmek |
| ben | oynadım mı? | gezdim mi? | okudum mu? | güldüm mü? |

## 第七课　今天有土耳其语课吗？
### KONU 7　BUGÜN TÜRKÇE VAR MI?

（续表）

| sen | oynadın mı? | gezdin mi? | okudun mu? | güldün mü? |
| o | oynadı mı? | gezdi mi? | okudu mu? | güldü mü? |
| biz | oynadık mı? | gezdik mi? | okuduk mu? | güldük mü? |
| siz | oynadınız mı? | gezdiniz mi? | okudunuz mu? | güldünüz mü? |
| onlar | oynadılar mı? | gezdiler mi? | okudular mı? | güldüler mi? |

**Örnekler　示例**

Çocuk, ağladı mı?　　　　　孩子哭了吗？
Sınav oldunuz mu?　　　　　你们考试了吗？
Kuzular bahçeye çıktı mı?　　绵羊出院子了吗？
Saat beş oldu mu?　　　　　现在是五点钟吗？

## 练习　ALIŞTIRMALAR

1. Asağıdaki boşlukları görülen geçmiş zaman ekleriyle doldurunuz.　请在下列空白处填写确指过去时后缀。

　　(1) Pazar günü futbol oyna＿＿＿＿＿＿. (ben)

　　(2) Ali'nin babası bir araba satın al＿＿＿＿＿＿.

　　(3) Dünkü maçı seyret＿＿＿＿＿＿? (sen)

　　(4) Niçin ders çalış＿＿＿＿＿＿? (o/olumsuz)

　　(5) Kim gel＿＿＿＿＿＿?

　　(6) Türkiye'de kaç gün kal＿＿＿＿＿＿? (sen)

　　(7) Türkiyeyi beğen＿＿＿＿＿＿? (sen)

　　(8) Kahvaltı yap＿＿＿＿＿＿? (siz)

　　(9) Niçin geç kal＿＿＿＿＿＿? (sen)

2. Asağıdaki karışık kelimelerden görülen geçmiş zamanlı cümleler kurunuz. 请仿照示例，用确指过去时连词成句。

Örnek: bitmek / az önce / ders
　　　　Ders az önce bitti.

(1) öğretmen / futbol oynamak / bahçede / öğrencilerle

_____

(2) alışveriş yapmak / süpermarketten / biz / dün

_____

(3) seyretmek / arkadaşlar / sinemada / ile / film / ben

_____

(4) geç kalmak / Ali / okula / geçen gün

_____

(5) okumak / geçen hafta / kardeşim / "Beyaz Diş" / romanını

_____

3. Asağıdaki cevaplara uygun sorular yazınız. 请根据下列回答写出相应的问句。

(1) _____
　　Hayır, dün piknikte futbol oynamadım.

(2) _____
　　Evet, dün gece partiden sonra eve gittim.

(3) _____
　　Hayır, dün akşam hiç televizyon seyretmedim.

(4) _____
　　Evet, önceki gün okula geç kaldım.

(5) _____
　　Hayır, Ali`yi görmedim.

## 第七课　今天有土耳其语课吗？
KONU 7　BUGÜN TÜRKÇE VAR MI?

4. **Aşağıdaki soruları örnekteki gibi "evet" ve "hayır" ile cevaplayınız.**
请仿照示例用"evet"和"hayır"回答问句。

**Örnek:** Ahmet ödevlerini yaptı mı?

　　　　Evet, yaptı.

　　　　Hayır, yapmadı.

(1) Dün İngilizce çalıştın mı?

　　Evet, _____

　　Hayır, _____

(2) Deden çiçekleri suladı mı?

　　Evet, _____

　　Hayır, _____

(3) Doktora gittin mi?

　　Evet, _____

　　Hayır, _____

(4) Polisler hırsızı yakaladı mı?

　　Evet, _____

　　Hayır, _____

(5) Geçen yaz tatile gittin mi?

　　Evet, _____

　　Hayır, _____

5. **Aşağıdaki şimdiki zamanlı cümleleri örnekteki gibi görülen geçmiş zamana çeviriniz.** 请仿照示例，将下列现在时的句子改成确指过去时的句子。

**Örnek:** Turistler müzeyi geziyorlar.

　　　　Turistler müzeyi gezdiler.

(1) Leyla, otobüse biniyor.

_____

(2) Ayşe ile Ahmet, eve gidiyor.

_____

(3) Kemal, Ankara`dan geliyor.

_____

(4) Annem çamaşır yıkıyor.

_____

(5) Bugün kar yağıyor.

_____

6. Aşağıdaki cümleleri tamamlayınız. (Görülen geçmiş zaman olumsuz) 请用确指过去时的否定式完成下列句子。

(1) Ben dün akşam pastaneye git_____

(2) Babam, kardeşime para ver_____

(3) Öğretmen, öğrencilere ödev ver_____

(4) Doktor, hastayı ameliyat et_____

(5) Ahmet, dün bize gel_____

7. Aşağıdaki fiilleri çekimleyiniz. (Görülen Geçmis Zaman) 动词变位（确指过去时）。

|  | sulamak (olumlu) | kapatmak (olumsuz) | taşımak (soru) |
|---|---|---|---|
| ben |  |  |  |
| sen |  |  |  |
| o |  |  |  |
| biz |  |  |  |
| siz |  |  |  |
| onlar |  |  |  |

# 第七课　今天有土耳其语课吗?
## KONU 7　BUGÜN TÜRKÇE VAR MI?

## 名词词组　İSİM TAMLAMALARI

**Tanım** Aralarında anlamca ilgi bulunan iki ya da daha çok ismin belirli kurallar çerçevesinde bir araya gelmesiyle oluşan kelime guruplarına isim tamlaması denir. İsim tamlamaları tamlayan ve tamlanandan oluşur.

**定义** 语义相关的两个或两个以上名词，按照一定的规则连接而成的名词组合即为名词词组。名词词组由修饰成分和被修饰成分组成。如：

| Evin | kapısı | 房屋的门 | Kalemin | ucu | 笔尖 |
| Tamlayan | Tamlanan | | Tamlayan | Tamlanan | |
| 修饰成分 | 被修饰成分 | | 修饰成分 | 被修饰成分 | |

Türkçe'de üç çeşit isim tamlaması vardır:　土耳其语有三种名词词组：

1. Belirtili İsim Tamlaması　　　　确指名词词组
2. Belirtisiz İsim Tamlaması　　　　泛指名词词组
3. Zincirleme İsim Tamlaması　　　链式名词词组

### 1. BELİRTİLİ İSİM TAMLAMASI　确指名词词组

**Tanım** Bir ismin anlamını bir başka isimle belli hâle getiren tamlamaya belirtili isim tamlaması denir. Belirtili isim tamlamasında tamlayan ilgi hâli eki, tamlanan da iyelik eki alır.

**定义** 用一个名词来修饰另一个名词的词组即为确指名词词组。确指名词词组中，作为修饰成分语的名词要加所有格词缀，被修饰的名词则加领属性词缀，以使两个名词间的关系更为明确。

# 初级土耳其语语法（上册）

**Yapılışı** İsim1 (+ kaynaştırma harfi "n") + ilgi hâli eki (-In)
İsim2 + iyelik eki (-(s)I)

**构成** 名词1（+连接辅助辅音n）+所有格词缀
名词2 + 领属词缀 修饰成分、被修饰成分

**Örnekler** 示例

Okul-un bahçe-si　　　　　　学校的花园
Ahmet amca-n-ın ev-i　　　　艾哈迈德叔叔的家

**Not** 提示

1. 添加修饰成分的所有格词缀时，应注意后缀与原词末尾元音保持元音和谐，若修饰成分为元音结尾，则应在词尾和所有格词缀之间添加连接辅助音-n-：-a/ı→-(n)ın, -e/i→-(n)in, -o/u→-(n)un, -ö/ü-(n)ün。

**Örnekler** 示例

Masa-n-ın üstü　　桌子上面　　　　Pencere-n-in altı　　窗子下面
Kutu-n-un içi　　盒子里面　　　　　Ütü-n-ün yanı　　熨斗旁边
Babamın adı Hasan.　　　　　　　　我爸爸的名字是哈桑。
Televizyonun anteni uzun.　　　　电视的天线很长。
Park caddenin sonunda.　　　　　公园在街道的尽头。
Amcamın kızı çok başarılı bir　　我叔叔的女儿是个很勤奋的
öğrencidir.　　　　　　　　　　　学生。
Türkiye'nin güneyi çok sıcaktır.　土耳其的南部非常热。
Feride'nin kalemi yok.　　　　　　费利德没有笔。
Babamın kravatı yeşil renktir.　　我爸爸的领带是绿色的。
Bu ağacın meyvesi çok acıdır.　　这棵树的果实很苦。

## 第七课　今天有土耳其语课吗？
### KONU 7　BUGÜN TÜRKÇE VAR MI?

Selim'in çantası istasyonda 塞利姆的包在车站丢了。
kayboldu.
Havuzun suyu çok temiz.　　池塘里的水十分清澈。

2. "Su" ve "ne" kelimesi bu kurala uymaz.　su 和 ne 添加领属后缀时，连接辅助辅音用 -y-。

yaylanın su-y-u　高原上的水域
Onun ne-y-i var?　（nesi 亦可）他怎么了？

## 练习　ALIŞTIRMALAR

**1. Aşağıdaki boşluklara uygun olan tamlayan ve tamlanan ekleri yazınız.**　请在下列空白处填写合适的修饰词缀与被修饰词缀。

(1) defter_____ sayfa_____
(2) ev_____ bahçe_____
(3) sınıf_____ pencere_____
(4) kapı_____ kol_____
(5) Selim_____ kalem_____
(6) öğretmen_____ kitap_____
(7) Salih_____ ceket_____
(8) doktor_____ önlük_____.
(9) akvaryum_____ cam_____
(10) Veli_____ bilgisayar_____

**2. Aşağıdaki boşluklara uygun olan tamlayan ve tamlanan eklerini yazınız.**　请在下列空白处填写合适的修饰词缀与被修饰词缀。

(1) masa_____ üst_____
(2) Ayşe_____ kütüphane_____

(3) kutu_____ iç _____

(4) araba_____ teker _____

(5) pencere_____ cam _____

(6) palto_____ düğme _____

(7) tahta_____ silgi _____

(8) Ayşe_____ çanta _____

(9) sandalye_____ alt _____

(10) oda_____ iç _____

## 2. BELİRTİSİZ İSİM TAMLAMASI  泛指名词词组

**Tanım** Tamlayanın ek almadığı, yalnızca tamlananın ek aldığı tamlamalara belirtisiz isim tamlaması denir. Belirtisiz isim tamlamalarında tamlayan, tamlananın, cinsini, türünü, kaynağını, niteliğini, üretim yeri, mesleği gösterir.

**定义** 修饰词不加所有格词缀，只有被修饰词加领属词缀的词串叫做泛指名词词组。泛指名词词组中的修饰成分可用于表示被修饰成分的种类、类型、来源、性质、产地、职业等。

| | | |
|---|---|---|
| **Yapılışı** | İsim1 | İsim2 + iyelik eki (-(s)I) |
| | tamlayan | tamlanan |
| **构成** | 名词1 | 名词2+领属词缀 |
| | 修饰成分 | 被修饰成分 |

**Örnekler** 示例

| | |
|---|---|
| yatak odası | 卧室 |
| oturma odası | 起居室 |
| yemek odası | 餐厅 |
| fizik kitabı (tür) | 物理书（种类） |

## 第七课　今天有土耳其语课吗？
### KONU 7　BUGÜN TÜRKÇE VAR MI?

| | |
|---|---|
| pirinç çorbası (neyden yapıldığı) | 米汤，粥（制作原料） |
| Osmaniye fıstığı (ait olduğu yer) | 奥斯曼尼耶花生（产地） |
| dil peyniri (neye benzediği) | 丝绦奶酪（一种土耳其特产的奶酪）（象形） |
| temizlik işçisi (mesleği) | 清洁工（职业） |
| İstanbul boğazı (yer) | 伊斯坦布尔海峡（所在地） |

A: Sınıfınızda ne var?
A：教室里有什么？

B: Sınıfımızda çöp kutusu, yazı tahtası, televizyon dolabı, öğretmen masası, tebeşir kutusu, Türkiye haritası, kitap dolabı var.
B：教室里有垃圾桶、写字板、电视柜、讲台、粉笔盒、土耳其地图和书柜。

A: Asım Bey nerede?
A：阿瑟姆先生在哪儿？

B: İkinci katta öğretmenler odasında.
B：他在二层的教师办公室。

A: Baban ne iş yapıyor?
A：你爸爸做什么工作？

B: Babam çocuk doktoru.
B：我爸爸是儿科医生。

Burada sınıf başkanı kim? 这儿谁是班长？

İstanbul'daki deniz otobüsleri devamlı çalışıyor. 伊斯坦布尔的海峡轮渡继续运行。

Nurcan, okul çantası alıyor. 努尔詹买了书包。

Cep telefonu çalıyor. 电话响了。

Kızım çay tepsisini getir. 我妹妹拿起了茶盘。

Şu gazete ilânı çok ilginç. 那则报纸广告很有趣。

Bu bebek arabası çok güzel. 这辆婴儿推车很不错。

## 练习　ALIŞTIRMALAR

**1. Aşağıdaki belirtisiz isim tamlamalarını belirtili isim tamlaması yapınız.** 请仿照示例，将下列泛指名词词组改为确指名词词组。

Örnek: Okul müdürü　　Okulun müdürü

(1) Araba lastiği ＿＿＿＿＿＿＿＿＿＿

(2) Okul bahçesi ＿＿＿＿＿＿＿＿＿＿

(3) Sınıf başkanı＿＿＿＿＿＿＿＿＿＿

(4) Öğrenci karnesi＿＿＿＿＿＿＿＿＿＿

(5) Çocuk arabası＿＿＿＿＿＿＿＿＿＿

**2. Aşağıdaki boşlukları uygun eklerle doldurunuz.** 请在下列空白处填入适当的词缀。

-ı / -i / -u / -ü / -sı / -si / -su / -sü

(1) Odamda elbise askı＿＿＿＿＿＿yok.

(2) Sokak lambalar＿＿＿＿＿＿yanmıyor.

(3) Mahallemizde bir çocuk bahçes＿＿＿＿＿＿açıldı.

(4) Bu fotoğraf makine＿＿＿＿＿benim değil.

(5) Otobüsten İngilizce öğretmen＿＿＿＿＿＿Ali Bey indi.

(6) Ahmet Bey, bizim okul müdür＿＿＿＿＿＿oluyor.

(7) Biraz daha çay şeker＿＿＿＿＿alabilir miyim?

(8) Ben içeceklerden Türk kahve＿＿＿＿＿＿alayım.

(9) Kızım için kitapçıdan çocuk kitap＿＿＿＿＿＿aldım.

(10) Öğretmenimiz bir tahta kalem＿＿＿＿＿＿istiyor.

## 第七课　今天有土耳其语课吗？
### KONU 7　BUGÜN TÜRKÇE VAR MI?

**3. Aşağıdaki boşlukları uygun eklerle doldurunuz.** 请在下列空白处填入适当的词缀。

> -ı / -i / -u / -ü / -sı / -si / -su / -sü

(1) Babam bana İtalya'dan futbol top._____getirecek.

(2) Bugün sabah kahvaltı_____ettiniz mi?

(3) Öğle yemek_____nerede yiyeceksiniz?

(4) Şurada çok güzel bir çay bahçe_____var.

(5) Emek sinema_____çok güzel bir film oynuyor.

(6) Marketten bir de diş fırça_____al.

(7) Şu spor ayakkabı_____kaç lira?

(8) Yazın İngilizce kurs_____gideceğim.

(9) Bu akşam benimle yüzme havuz_____gelir misin?

(10) Benim odamda çalışma masa_____ve elbise dolap_____var.

### 3. ZİNCİRLEME İSİM TAMLAMASI 链式名词词组

**Tanım** Zincirleme isim tamlaması, ya tamlayanı, ya tamlananı, ya da her ikisi de birer isim tamlaması olan tamlamalardır.

**定义** 链式名词词组是由一个被修饰成分和多个修饰成分（内部还可以再分成修饰成分和被修饰成分）组成的名词词组。如：

| Ayşenin çantas-ının | rengi | Nihal'in | güneş gözlüğü |
|---|---|---|---|
| 阿伊莎包的颜色 | | 尼哈尔的 | 太阳镜 |
| ↓ | ↓ | ↓ | ↓ |
| tamlayan | tamlanan | tamlayan | tamlanan |
| 修饰词 | 被修饰词 | 修饰词 | 被修饰词 |

**Örnekler**　示例

| | |
|---|---|
| Çocuk odasının penceresinden soğuk hava geliyor. | 凉风从育婴房的窗户吹进来。 |
| Sınıf defterinin kabı yırtıldı. | 班级簿的封皮被扯坏了。 |
| Benim kedimin gözleri mavi ve yeşildir. | 我的猫的眼睛是蓝色和绿色的。 |
| Türkçe şarkılarının sözlerini anlıyor. | 他明白了土耳其语歌的歌词。 |
| Sinan"ın evinin yolu çok dar. | 锡南家附近的路特别窄。 |
| Kardeşim, okul takımının kaptanıdır. | 我的兄弟是校队队长。 |
| Yeşim'in arabasının penceresi | 绿色轿车的窗子 |
| Selim'in evinin penceresinin camı | 塞利姆家窗户的玻璃 |
| Yatak odasının perdesi | 卧室的窗帘 |

## 练习　ALIŞTIRMALAR

1. **Aşağıdaki cümleleri uygun tamlayan ve tamlanan ekleriyle tamamlayınız.** 请在下列句子中填写合适的所有格词缀和领属性词缀。

    (1) Benim odam＿＿＿＿＿＿ iç＿＿＿＿＿＿

    (2) Sizin eviniz＿＿＿＿＿＿ çat＿＿＿＿＿＿

    (3) Onun araba＿＿＿＿＿＿ marka＿＿＿＿＿＿

    (4) Bizim şehrimiz＿＿＿＿＿＿ kale＿＿＿＿＿＿

    (5) Sizin doktorunuz＿＿＿＿＿＿ tavsiye＿＿＿＿＿＿

    (6) Onların kitapları＿＿＿＿＿＿ ad＿＿＿＿＿＿

    (7) Turgut'un evi＿＿＿＿＿＿ pencere＿＿＿＿＿＿

    (8) Yatak odası＿＿＿＿＿＿ halı＿＿＿＿＿＿

    (9) Benim kedim.＿＿＿＿＿＿ gözler＿＿＿＿＿＿

## 第七课　今天有土耳其语课吗？
### KONU 7　BUGÜN TÜRKÇE VAR MI?

(10) Okul yemekhanesi_____ sandalyeler_____.

**2. Aşağıdaki cümleleri uygun eklerle tamamlayınız.　请用适合的词缀完成下列句子。**

(1) İşçiler kaldırım_____ kenar_____ düzeltiyorlar.

(2) Öğretmenler odası_____ masa_____ çok büyük.

(3) Masa_____ örtü_____ açın.

(4) Müdür_____ oda_____ ikinci katta.

(5) Bana gazeteciden "Bugün Gazete_____" alır mısın?

(6) Öğrenciler_____ çantalar_____ kitap ve defter dolu.

(7) Annem, misafir oda_____ temizliyor.

(8) Depoda beş tane basketbol top._____ var.

(9) Çamaşır makine_____ gürültülü çalışıyor.

(10) Şehir tiyatrosu_____ bina._____ çok güzel.

**3. Aşağıdaki boşlukları uygun eklerle doldurunuz.　请在下列空白处填入合适的词缀。**

(1) Okul_____ bahçe_____ kapı_____ kapalı.

(2) Sınıf_____ pencere_____ perde_____ yeşil renk.

(3) Yatak odası_____ duvar_____ ne renk?

(4) Ahmet'_____ ev_____ arka._____ park var.

(5) Baba_____ erkek kardeş_____ amcam olur.

(6) Yatak odası_____ halı_____ eskimiş.

(7) Türkiye'_____ milli marş._____ Mehmet Akif Ersoy yazdı.

(8) Gazete_____ ikinci sayfa_____ haber._____ okudun mu?

(9) Dedem_____ ev_____ bahçe_____ iç_____ yüzme havuzu var.

(10) Alışveriş merkezi_____ karşı_____ hastane var.

4. Aşağıdaki karışık kelimelerden isim tamlamaları yapınız. 请将下列单词组成名词词组。

Program, yemek, sayfa, dolap, akşam, son, kardeş, gazete, anahtar, Turgay

(1) _____

(2) _____

(3) _____

(4) _____

(5) _____

5. Aşağıdaki soruları cevaplayınız. 请用括号中提供的单词组成名词词组，并回答下列问题。

(1) Burada cep telefonları ucuz mu? (telefon/ fiyatı)

_____

(2) Senin kalemin nerede? (çanta/iç)

_____

(3) Bu kim? (Fatih/arkadaş)

_____

(4) Bu kimin kalemi? (Erol/kalemi)

_____

(5) Bu ne? (televizyon/dolap/anahtar)

_____

(6) Sınıftaki kim? (okul/müdür)

_____

## 第七课　今天有土耳其语课吗?
### KONU 7　BUGÜN TÜRKÇE VAR MI?

**6. Aşağıdaki isim tamlamalarındaki hataları düzeltiniz.**　请改正下列名词词组中的错误。

(1) Şişeyin kapağı　_____

(2) Otobüsün direksiyonun　_____

(3) Caddesin lambası　_____

(4) Çiçekin yaprakı　_____

(5) Masanın örtünü　_____

(6) Ahmet'nin saçları　_____

(7) Ağaçın dalsı　_____

(8) Arkaşımın anneyi　_____

(9) Okulnun kapısı　_____

(10) Onun evisi　_____

# 第八课　您做什么工作？
## KONU 8　NE İŞ YAPIYORSUNUZ?

> Soru Sıfatları　疑问形容词
> Ünsüz Uyumu　辅音和谐
> İlgi Zamiri "ki"　关系代词 ki

Hakan: Merhaba Aydın.

Aydın: Merhaba Hakan.

Hakan: Aydın! Sen ileride ne olmayı düşünüyorsun?

Aydın: Ben doktor olmayı düşünüyorum. Sen hangi mesleği seçeceksin?

Hakan: Öğretmen olmak istiyorum; ama avukatlığı da seviyorum. İkisinin arasında karar veremiyorum. Merak ediyorum, senin ailendeki kişiler ne iş yapıyor?

Aydın: Benim babam dişçi, annem ise hemşire. Tabii bir de ablam var. O mimarlık fakültesinde okuyor. Ablam, çalışkan bir

哈坎：你好，艾登。

艾登：你好，哈坎。

哈坎：艾登，你以后想当什么呢？

艾登：我想当医生。你想选择什么职业？

哈坎：我想当老师，但是我也喜欢律师。我在两者之间无法做决定。我想知道，你家人都是做什么工作的？

艾登：我爸爸是牙科医生，我妈妈是护士。当然我还有一个姐姐。她在建筑学院学习。我姐姐是一名勤奋

|  |  |
|---|---|
| | öğrencidir. Peki seninkiler ne iş yapıyor? | 的学生。你的家人是做什么工作的呢？ |
| Hakan: | Annem terzidir, babam ise taksi şoförü. Küçük kardeşim ise ilerde bilgisayar mühendisi olmak istiyor. | 哈坎：我妈妈是裁缝，我爸爸是出租车司机。我弟弟想成为一名计算机工程师。 |
| Aydın: | Peki, eviniz annenin çalıştığı yere yakın mı? | 艾登：那么，你家离你妈妈工作的地方近吗？ |
| Hakan: | Evet, yakın. Annem, iş yerine yürüyerek gidiyor. Ya sizinki? | 哈坎：是的，挺近的。我妈妈走路上班。你妈妈呢？ |
| Aydın: | Bizimki de ailemin çalıştığı hastaneye yakın. Ama bizimkiler işe arabayla gidiyorlar. Beni de okula bırakıyorlar. | 艾登：我们家离我家人上班的医院也很近。但是我父母开车去上班，顺便把我送到学校。 |
| Hakan: | Peki yarın görüşmek üzere Aydın. Hoşça kal. | 哈坎：那么明天见，艾登。再见。 |
| Aydın : | Tamam, görüşürüz. Güle güle. | 艾登：好的，再见。 |

## 疑问形容词　　SORU SIFATLARI

**Tanım** Soru sıfatları, varlıkların durumlarını, yerlerini, sayılarını soru yoluyla belirten ya da niteleyen sıfatlardır. Soru sıfatları "kaç, hangi, nasıl, ..." kelimeleriyle yapılır.

**定义** 疑问形容词是指通过疑问形式，限定或描述事物的状态、位置、数量等的形容词。疑问形容词包括kaç, hangi, nasıl等单词及其变体。

**Örnek Diyalog** 对话示例

A: Sırada kaç kalem var? A：桌子上有几支笔？
B: Dört kalem. B：四支。
A: Hangi öğrenci daha çalışkan? A：哪个学生更勤奋？
B: Siyah ceketli öğrenci. B：穿黑西服上衣的学生。
A: Nasıl bir kâğıt istiyorsun? A：你想要什么样的纸？
B: Çizgili kâğıt. B：横格纸。

1. KAÇ? 多少？

Kaç, soru sıfatı, varlıkların sayısını soran sıfattır. 疑问形容词kaç用来询问事物的数量。

**Örnekler** 示例

A: Kaç yaşındasın? A：你多大年纪？
B: 15 yaşındayım. B：我15岁。
A: Bir ay kaç hafta? A：一个月有几周？
B: Bir ay dört hafta. B：一个月有4周。
A: Sınavda kaç soru var? A：考试有几道题？
B: Sınavda on soru var. B：考试有10道题。

**Not** 提示

Asıl sayı sıfatlarından sonra gelen isimler çoğul eki almazlar. Çünkü bir dışındaki sayılar çokluk bildirirler. 基数词之后的名词不可以接复数词缀，因为数量从外部看来是一个整体。如：üç öğrenci，不可写成üç öğrenciler。

dört gün 4天
Bahçede üç araba var. 花园里有3辆车。
Otelde on gün kaldım. 我在宾馆待了10天。

# 第八课　您做什么工作？
## KONU 8　NE İŞ YAPIYORSUNUZ?

Benim üç kardeşim var.　　　我有3个兄弟。

İstisna　有一些专有名词例外
Pamuk Prenses ve Yedi Cüceler,　白雪公主和七个小矮人
Ali Baba ve Kırk Haramiler　　阿里巴巴和四十大盗

### 2. HANGİ?　哪一个？

"Hangi" soru sıfatı, aynı çeşit varlığın hangisi olduğunu soran bir sıfattır.　疑问形容词hangi用于询问同类事物中的哪一个。

**Örnekler**　示例

| | |
|---|---|
| A: Hangi kalem? | A：哪支笔？ |
| B: Kırmızı kalem. | B：红笔。 |
| A: Bugün hangi gün? | A：今天是星期几？ |
| B: Bugün salı. | B：今天是星期二。 |
| A: Bu ay hangi ay? | A：这个月是几月？ |
| B: Bu ay ekim ayı. | B：这个月是十月。 |
| A: Hangi dersten sınav var? | A：哪节课后有考试？ |
| B: Türkçe dersinden sınav var. | B：土耳其语课后有考试。 |
| A: Hangi günler okul yok? | A：哪几天不上学？ |
| B: Cumartesi pazar günleri okul yok. | B：周六、日不上学。 |

### 3. NASIL?　怎么样？

Nasıl soru sıfatı, bir varlığın niteliğini, özelliğini (renk, durum, biçim yönünden) soran sıfattır.　疑问形容词nasıl用于询问事物的性质与特征（颜色、状态、形状等方面）。

**Örnekler   示例**

| | |
|---|---|
| A: Nasıl kâğıt? | A：什么样的纸？ |
| B: Beyaz kâğıt. | B：白纸。 |
| A: Nasıl silgi? | A：什么样的橡皮？ |
| B: Turuncu silgi. | B：橙色的橡皮。 |
| A: Nasıl sınav? | A：考试怎么样？ |
| B: Zor sınav. | B：考试很难。 |
| A: Nasıl bir iş arıyor? | A：他找了份什么样的工作？ |
| B: Kolay bir iş arıyor. | B：他找了份简单的工作。 |

**Not   提示**

"Nasıl?" ile isim arasına "bir" kelimesi gelebilir.   Nasıl和名词之间可以加单词bir。例如：

| | |
|---|---|
| A: Nasıl bir kalem? | A：一支怎样的笔？ |
| B: Kırmızı bir kalem. | B：一支红色的笔。 |

## 练习   ALIŞTIRMALAR

**1. Aşağıdaki soruları cevaplayınız.   请回答下列问题。**

(1) Kaç yaşındasın?

(2) Telefon numaran kaç?

(3) Kaç kilosun?

(4) Bu kaç? (115)

(5) Pazartesi kaç ders var?

**2. Aşağıdaki cevaplara uygun sorular yazınız.   请根据回答写出问句。**

(1) _____

Çarşamba günü altı ders var.

## 第八课　您做什么工作？
### KONU 8　NE İŞ YAPIYORSUNUZ?

(2) _____

　　Bir saat altmış dakika.

(3) _____

　　Bir yıl üç yüz altmış beş gün.

**3. Aşağıdakileri eşleştiriniz.　请连线。**

　　A. Sen kaç yaşındasın?　　　　　a. Dört hafta.

　　B. Bir gün kaç saat?　　　　　　b. Yüz on bir.

　　C. Bu kaç?　　　　　　　　　　c. 7215113.

　　D. Telefon numaran kaç?　　　　d. Yirmi dört saat.

　　E. Bir ay kaç hafta?　　　　　　e. Ben on üç yaşındayım.

**4. Aşağıdaki soruları cevaplayınız.　请回答下列问题。**

　　(1) Hangi kalem güzel? (kızmızı kalem, mavi kalem)

　　(2) Hangi ev eski?

　　(3) Hangi araba büyük?

　　(4) Hangi kitap ilginç? (şiir, roman)

　　(5) Hangi adam şişman?

**5. Aşağıdaki soruları cevaplayınız　请用下列单词回答下列问题。**

| eski / kırmızı / çalışkan / sevimli / kurnaz |
|---|

　　(1) Nasıl bir ev?　　_____

　　(2) Nasıl bir araba?　_____

　　(3) Nasıl bir öğrenci?　_____

　　(4) Nasıl bir balık?　_____

　　(5) Nasıl bir hayvan?　_____

**6. Aşağıdaki soruları cevaplayınız.** 请回答下列问题。

(1) Arkadaşın, hangi şehirde oturuyor?
_____

(2) Arkadaşın, hangi takımı tutuyor?
_____

(3) Arkadaşın, nasıl bir insan?
_____

(4) Sınıfınızda kaç öğrenci var?
_____

(5) Baban, sana ayda kaç lira veriyor?
_____

## 辅音和谐　ÜNSÜZ UYUMU

**Tanım** Türkçe' de sert ünsüzlerden biriyle biten bir kelimeye ünsüzle başlayan bir ek getirildiğinde, bu ekin ilk harfi sert olmalıdır. Buna "ünsüz uyumu" denir. Ünsüz uyumuna "ünsüz benzeşmesi" de denir.

**定义** 土耳其语中，以清辅音结尾的单词后接一个由辅音开头的词缀时，这个词缀的首字母也必须变成清辅音。这就是"辅音和谐"，又称为"辅音同化"。

Türkçede ünsüzler ikiye ayrılır: sert ünsüzler ve yumuşak ünsüzler.

土耳其语中的辅音分为两类：清辅音和浊辅音。

Sert ünsüzler 清辅音　　　　f, s, t, k, ç, ş, h, p

Yumuşak ünsüzler 浊辅音　　b, c, d, g, ğ, j, l, m, n, r, v, y, z

## 第八课　您做什么工作？
### KONU 8　NE İŞ YAPIYORSUNUZ?

**Örnekler**　示例

| | |
|---|---|
| sınıf-da → sınıf-ta | sabah-dan → sabah-tan |
| çiçek-de → çiçek-te | çiçek-ci → çiçek-çi |
| kitap-da → kitap-ta | kitap-cı → kitap-çı |
| ağaç-da → ağaç-ta | yapış-gan → yapışkan |
| at-gı → atkı | bas-gı → baskı |

| | |
|---|---|
| Sabahtan beri bekliyorum | 我从早上就一直等。 |
| Fatih'ten haber var mı? | 有法提赫的消息吗？ |
| Tezgâhta tabaklar var. | 灶台上有盘子。 |
| Otobüste yüksek sesle konuşmayın! | 公交车上不要高声讲话！ |
| Amcam, Paris'ten geliyor. | 我叔叔从巴黎来。 |

## 练习　ALIŞTIRMALAR

1. **Aşağıdaki kelimelerin sonuna (-de, -da, -te, -ta) eklerinden uygun olanları yazınız.** 请在下列单词之后填写合适的位格词缀。

    (1) Park_____ağaç var.

    (2) Ağaç_____yaprak var.

    (3) Bank_____oturun.

    (4) Turgut_____kitap var.

    (5) Sınıf_____ gürültü yapmayın!

2. **Aşağıdaki kelimelerin sonuna "-de, -da, -te, -ta" eklerinden uygun olanını getiriniz.** 请在下列单词之后填写合适的位格词缀。

    (1) bahçe_____　(2) maç_____　(3) dolap_____

    (4) kitap_____　(5) banka_____　(6) defter_____

    (7) masa_____　(8) salon_____　(9) garaj_____

初级土耳其语语法（上册）

(10) yurt_____   (11) çocuk_____   (12) üç_____
(13) tahta_____   (14) bardak_____   (15) çatı_____

3. Aşağıdaki kelimeleri düzelterek yeniden yazınız.　请仿照示例订正下列单词。

**Örnek:** çiçekci - çiçekçi

(1) saatci- _____
(2) ayakda- _____
(3) ağaçda- _____
(4) sokakda- _____
(5) Akif'de- _____

## 关系代词ki　İLGİ ZAMİRİ "ki"

**Tanım** İlgi zamiri, bir belirtili isim tamlamasından, kaldırılmış olan tamlananla ilgisini göstermek üzere tamlayana eklenen "-ki" ekine denir.

**定义** 关系代词表达确指名词词组当中被省略的被修饰词的含义。如：

| Ali'nin | arabası | ⇒ | Ali'ninki |
| tamlayan | | | tamlanan |
| 修饰成分 | | | 被修饰成分 |

**Örnekler** 示例

| TEKİL 单数 | | ÇOĞUL 复数 | |
|---|---|---|---|
| Benim evim | Benimki | Benim defterlerim | Benimkiler |
| Senin evin | Seninki | Senin ayakkabıların | Seninkiler |
| Onun evi | Onunki | Onun kardeşleri | Onunkiler |

## 第八课  您做什么工作？
### KONU 8　NE İŞ YAPIYORSUNUZ?

（续表）

| TEKİL 单数 | | ÇOĞUL 复数 | |
|---|---|---|---|
| Bizim evimiz | Bizimki | Bizim çocuklarımız | Bizimkiler |
| Sizin eviniz | Sizinki | Sizin probleminiz | Sizinkiler |
| Onların evleri | Onlarınki | Onların problemleri | Onlarınkiler |

Benim çantam kahverengi. 我的包是咖啡色的，阿里的是黑
Ali"ninki siyah. 色的。

Bizim okulumuz çok güzel. 我们的学校很好，他们的不好。
Onlarınki güzel değil.

Alperen: Senin baban ne iş yapı- 阿尔佩伦：你爸爸做什么工作？
　　　　yor?

Bilgin: Babam mühendis. 比尔金：我爸爸是工程师。你
　　　　Seninki? 　　　（爸爸）呢？

Alperen: Benimki de mühendis. 阿尔佩伦：我爸爸也是工程师。

Aylin: Bizim evimiz istanbul'da. 艾琳：我们家在伊斯坦布尔。
　　　　Sizinki nerede? 　　　您的呢？

Betül: Bizimki Ankara'da. 贝土尔：我们家在安卡拉。

Aylin: Sizin eviniz Ankara'nın 艾琳：您家在安卡拉的哪里？
　　　　neresinde?

Betül: Bizimki Çankaya'da. Sizinki 贝土尔：我们在钱卡亚。你们在
　　　　istanbul"un neresinde? 　　　伊斯坦布尔的哪里？

Aylin:Bizimki Üsküdar'da. 艾琳：我们在于斯屈达尔。

Ali : Merhaba Ayşe. Benim 阿里：你好，阿伊莎。我的功
　　　　derslerim seninki (senin 　　　课没有你那么好。
　　　　derslerin) kadar iyi değil.

Ayşe : Hayır, bu doğru değil. 阿伊莎：没有，不对。你的功
Seninkiler de iyi. 课也很好。

**Not** 提示

"-ki" büyük ünlü uyumuna uymaz. -ki不符合大元音和谐规则，元音i不变。如：

Serhat'ın kalemi → Serhat'ınki

O Atilla'nın evi → Atilla'nınki

## 练习 ALIŞTIRMALAR

1. **Aşağıdaki cümleleri örnekteki gibi yeniden yazınız.** 请仿照示例改写下列句子。

   **Örnek:** Onların ayakkabıları siyah. Bizim ayakkabılarımız beyaz.

   Onların ayakkabısı siyah bizimki beyaz.

   (1) Benim babam öğretmen. Tarkan'ın babası doktor.

   _____

   (2) Bizim evimiz Üsküdar'da. Ayşe'nin evi Çamlıca'da.

   _____

   (3) Benim kardeşim on yaşında. Onun kardeşi beş yaşında.

   _____

   (4) Bizim Türkçe öğretmenimiz genç. Onların Türkçe öğretmeni yaşlı.

   _____

2. **Aşağıdaki kelimeleri tamlama şeklinde yazınız.** 请结合括号中提供的单词，将划线的单词写成词组形式。

   (1) Benimki <u>beyaz</u>. Seninki? (şapka)

   _____

## 第八课 您做什么工作?
### KONU 8  NE İŞ YAPIYORSUNUZ?

(2) Bizimki <u>yaşlı</u>. Sizinki? (köpek)

_____

(3) Bizimki zor <u>değil</u>. Sizinki? (okul)

_____

(4) Benimki <u>mavi</u>. Seninki? (araba)

_____

**3. Aşağıdaki cevaplara uygun sorular yazınız.**  请根据回答写出合适的问句。

(1) Bu Ali'ninki mi?
   Evet, o Ali'nin kalemi.

(2) _____ ?
   Hayır, o benim kitabım değil.

(3) _____ ?
   Evet, o bizim evimiz.

(4) _____ ?
   Hayır, o benim çantam değil.

(5) _____ ?
   Evet, o benim ceketim.

(6) _____ ?
   Hayır, bu onların arabası değil.

(7) _____ ?
   Hayır, bu senin sözlüğün değil.

(8) _____ ?
   Hayır, bu sizin bilgisayarınız değil.

# 第九课　抱歉，请问学校在哪里？
## KONU 9　AFEDERSİNİZ, OKUL NEREDE?

> İsmin Yönelme Hali　名词向格
> İsmin Ayrılma Hali　名词从格
> Ses Düşmesi　语音脱落

Hakan: Affedersiniz, bir şey sorabilir miyim?

哈　坎：劳驾，我能问您件事吗？

Yasemin: Tabii ki, buyrun sorun.

亚塞明：当然，请讲。

Hakan: Ben Fatih Lisesi''ne gitmek istiyorum. Nasıl gidebilirim acaba?

哈　坎：我想去法提赫高中。该怎么走呢？

Yasemin: Şu caddeden sağa dönün. 200 metre kadar ileride otobüs durağı var.

亚塞明：这条街右转，走200米有一个公交车站。

Hakan: Peki, duraktan hangi otobüse binmem gerekiyor?

哈　坎：好的，我从车站坐哪路车呢？

Yasemin : Duraktan 95 numaralı Fatih otobüsüne binin, Vatan Caddesinde inin. Daha sonra üst geçitten karşıya geçin.

亚塞明：从车站上法提赫站方向的95路车，在祖国大街下车。之后走天桥过马路。

## KONU 9  AFEDERSİNİZ, OKUL NEREDE?

第九课  抱歉，请问学校在哪里？

| | |
|---|---|
| Hakan: Okul oraya yakın mı? | 哈 坎：学校离那里近吗？ |
| Yasemin: Hayır, biraz yürümeniz gerekiyor. Karşıya geçtikten sonra tekrar sorarsınız. İsterseniz biraz daha tarif edeyim. | 亚塞明：不，你需要走一段路。过马路再问问别人。要不我再描述一下？ |
| Hakan: Lütfen, çok iyi olur. | 哈 坎：太好了，那就麻烦您了。 |
| Yasemin: Karşıya geçtiğinizde metro durağından sola dönün. Az ileride Akdeniz Caddesi var. O caddeden yukarıya doğru yürümeniz gerekiyor. 500 metre ileride okulun tabelasını görürsünüz. Sağa döndükten sonra 200 metre kadar ileride Fatih Lisesi"ni görürsünüz. | 亚塞明：过马路后在地铁站左转。往前一点是地中海大街，顺着大街上坡一直走500米，您能看见学校的标志。右转后走200米您就能看到法提赫高中了。 |
| Hakan: Çok teşekkür ederim. Sizin de vaktinizi aldım. | 哈 坎：非常感谢，耽误您的时间了。 |
| Yasemin: Rica ederim. Benim için zevkti. | 亚塞明：不客气。我很乐意。 |

## 名词向格   İSMİN YÖNELME HALİ (-a,-e)

**Tanım** İsmi fiile bağlar. Fiilin yönünü ve nereye yöneldiğini gösterir.
**定义** 向格连接名词和动词，表示动作的方向和对象。

**Örnekler**　示例

| | |
|---|---|
| Kardeşim ve ben denize bakıyoruz | 我和我兄弟在看海。 |
| Servise biniyorum. | 我上了接送车。 |
| Ahmet Bey Hakan'a para veriyor. | 艾哈迈德先生给哈坎钱。 |
| Öğrenciler okula gidiyorlar. | 学生们去上学。 |
| Çocuk annesine koşuyor. | 孩子朝母亲跑去。 |
| Futbolcu topu kaleciye verdi. | 足球运动员把球传给守门员。 |

**Not**　提示

1. Sonu sesli ile biten isimlere yönelme hâli eki "-a, -e" doğrudan gelmez. Araya "y, n" kaynaştırma harfi girer.

以元音结尾的名词之后不能直接接向格词缀-*A*-，而要在它们之间插入连接辅助音字母 -y- 或 -n-。

**Örnekler**　示例

| | |
|---|---|
| masa-y-a → Kitabı masaya koy. | 把书放在桌子上。 |
| tahta-y-a → Tahtaya yazıyorum. | 我在黑板上写字。 |
| içeri-y-e → İçeriye girin. | 你进来。 |
| Ali'nin doğum günü partisine gidiyorum. | 我去阿里的生日聚会。 |
| Babamın yanına gidiyorum. | 我走到爸爸身边。 |
| Kapıya bakıyorum. | 我向门望去。 |

2. Şahıs zamirlerine yönelme hâl eki geldiğinde 1. ve 2. tekil şahıs zamirinde değişiklik olur.　人称代词后接向格词缀时，第一、二人称单数要发生变化。见下表：

| Kim? | Kime? |
|---|---|
| Ben | Bana |

## 第九课　抱歉，请问学校在哪里？
### KONU 9　AFEDERSİNİZ, OKUL NEREDE?

（续表）

| | |
|---|---|
| Sen | Sana |
| O | Ona |
| Biz | Bize |
| Siz | Size |
| Onlar | Onlara |

**Örnekler　示例**

| | |
|---|---|
| Babam sana çanta alacak. | 我爸爸会给你买包。 |
| Bu kalemi ona verin. | 你把这支笔带给他。 |
| Bana soru sormayın. | 不要问我问题。 |
| Size güveniyorum çocuklar. | 孩子们依赖您。 |
| Size çikolata vereceğim. | 我会给你们带巧克力。 |
| Öğretmen bize bakıyor. | 老师在看我们。 |
| Onlara yardım ediyoruz. | 我们帮助他们。 |

3. Yönelme hali eki ismin en sonuna gelir. Kendinden önce "çokluk ve iyelik" ekleri gelebilir.　向格词缀放在名词最后，在其之前可以加复数词缀和领属词缀。

**Örnekler　示例**

Öğrenci-ler-im-e ders anlatıyorum.　我给我的学生们讲解功课。

4. Yönelme hali eki "-a, -e" 3. şahıs iyelik ekinden sonra gelirken araya "-n" bağlayıcı ünsüzü girer. Bu durum daha çok isim tamlamalarında olur.　第三人称领属词缀后添加向格词缀-A-时要用辅音字母-n-连接，此现象多见于名词词组。

**Örnekler  示例**

Arkadaşımın evine gidiyorum.  我去朋友家。
Türkçe sınavına çalışıyorum.  我在准备土耳其语考试。
Öğrenciler okul bahçesine çıksın.  学生们去学校的花园。

5. Yönelme hali eki olan kelimelere yönelik daha çok "Nereye, Kime" soruları sorulur.  在询问含有向格词缀的对象时，多用Nereye, Kime提问。

**Örnekler  示例**

A: Tatilde nereye gideceksin?  A：你假期去哪儿？
B: Tatilde Bursa'ya gideceğim.  B：我假期去布尔萨。
A: Bu soruyu kime soracaksın?  A：你会问谁这个问题？
B: Bu soruyu Ali'ye soracağım.  B：我会问阿里这个问题。

**Kullanımı  用法**

1. Eklendiği isim yer yön bildirir.  附于名词后，限定地点和方向。如：

Yukarıya çık, odayı kontrol et.  你出去检查一下房间。
Kardeşim, bisiklete biniyor.  我兄弟骑上自行车。
Resimleri panoya asın.  把画挂在板上。
Dağcılar Everest Tepesi'ne tırmanıyor.  登山员登上了珠穆朗玛峰峰顶。

2. İsimleri fiile zaman ve süre göreviyle bağlar.  连接名词与动词，表示时间与期限。如：

Akşama her şey hazır olsun.  到晚上万事俱备。
Bir haftalığına tatile gidiyorum  我要去度一周的假。

## 第九课  抱歉，请问学校在哪里？
### KONU 9  AFEDERSİNİZ, OKUL NEREDE?

3. İsmi fiile "amaç, maksatı bildirme" ilişkisiyle bağlar. 连接名词和动词，表示目的和意图。如：

  Eve ödevlerini yapmaya gidiyor.   我要去做作业了。
  Ali'nin doğum gününe bir hediye  我为阿里的生日买了礼物。
  aldım.
  Buraya film seyretmeye geldik.   我们来这里看电影。

4. İsmi fiile "-dan dolayı, -dığı için, sebep" ilişkisi ile bağlar. 连接名词和动词，表示原因、缘故和理由。如：

  Onun gitmesine çok üzülüyorum.   我因为他走了感到很难过。
  Amcamın Fransa'dan gelmesine çok  我们为叔叔从法国来感到
  sevindik.          很开心。
  Selâm göndermene çok memnun  你的问候令我很愉快。
  oldum.

5. İsmi fiile bağlarken fiilin yönünü belirtir. 连接名词与动词，表示动作的方向。如：

  Eve doğru gidiyorum.     我直接回家。
  Ağaçlar, sağa sola sallanıyor.   树木左右摇晃。
  Şehrin doğusuna gidiyoruz.   我们要去城东。
  Irmak, ülkenin kuzeyinden güneyine  洪水从国家的北部冲到南部。
  akıyor.

6. Aynı ismin art arda terkarlanmasıyla zarf görevinde ikilemeler oluşturur. 用于名词叠用，充当副词。如：

  Çocuklar, el ele tutuşuyorlar.   孩子们手拉手。
  Aynı soruyu arka arkaya soruyor.  他翻来覆去问同样的问题。

Kutuları üst üste diziyoruz. 我们把盒子一个个挨着排好。
Onunla salonda karşı karşıya geldim. 我和他们在客厅相遇。

7. İsimleri edatlarla birleştirerek zarf görevinde kelimeler yapar. 连接名词与后置词，具有副词的功能。如：

Sabaha kadar ders çalışıyorum. 我一直学习到早晨。
Kapıyı sonuna kadar aç. 把门开到最大。
Misafirler, akşama doğru geldiler. 客人们直到晚上才来。
Bana göre siz haklısınız. 我觉得你们是对的。
Elektrik olmasına rağmen bilgisayar çalışmıyor. 尽管有电，计算机也不运行。

8. İsmi fiile "fiyat, miktar" bildirerek bağlar. 连接名词与动词，表示价格和数量。如：

Bu arabayı beş bin dolara alıyorum. 我花5000美元买了这辆车。
Evi ucuz fiyata sattı. 他们低价卖了房子。
Kimse bedavaya hediye vermiyor. 没人会白白送礼。

## 练习　ALIŞTIRMALAR

1. **Aşağıdaki cümleleri yönelme hâli ekleriyle tamamlayınız.** 请用向格词缀完成下列句子。

(1) Ali, bugün tiyatro_____ gidiyor.
(2) Öğrenciler, teneffüs_____ çıkıyor.
(3) Ayşe, kitaplarını çantası_____ koyuyor.
(4) Öğretmen, sınıf_____ giriyor.
(5) Öğrenciler, minibüs_____ biniyor.
(6) Ayşe, resimler_____ bakıyor.

## 第九课 抱歉,请问学校在哪里?
### KONU 9 AFEDERSİNİZ, OKUL NEREDE?

(7) O, tahta_____ yazıyor.

(8) Biz bugün piknik_____ gidiyoruz.

(9) Babam, ev_____ giriyor.

(10) O, otobüs_____ biniyor.

2. Aşağıdaki boşlukları yönelme hâli ekiyle doldurunuz. 请在下列空白处填写括号中人称代词的向格形式。

(1) _____ çok kızıyor. (sen)

(2) _____ para veriyor musun? (o)

(3) _____ yemek yapmıyor. (biz)

(4) _____ kitap getiriyor. (ben)

(5) _____ bir sürprizim var. (o)

(6) _____ lütfen yaklaşma! (ben)

(7) _____ izin vermiyor. (biz)

(8) _____ gitmek istemiyorum. (onlar)

(9) _____ kızmayın. (biz)

(10) _____ beğendiğiniz keki yaptım. (siz)

3. Aşağıdaki cümlelerin hangilerinde yönelme hali eki (-a, -e) yanlış kullanılmıştır? İşaretleyiniz. (√) 请在下列向格使用错误的句子前打勾。

(1) ☐ Ayşe, okulda gidiyor.

(2) ☐ Mehmet, kütüphaneye gelmeyecek.

(3) ☐ Evi bugün geç gittim.

(4) ☐ Onun çantasına bak.

(5) ☐ Çocuklar sınıfya geliyor.

(6) ☐ O, bene bakıyor.

(7) ☐ Sene bir kalem vereceğim.

(8) □ Arabaya binin.

(9) □ Defteri kimi vereceksin?

(10) □ Bugün servise bineceğim.

## 名词从格　İSMİN AYRILMA HALİ -dan, -den

**Tanım** -DAn hâl eki ismi fiile bağlar ve fiilin çıkıp uzaklaştığı yeri gösterir.

**定义** 名词从格词缀 -DAn 连接名词和动词，表达动作的起始点。

**Not　提示**

1. 从格词缀 -DAn 中的元音应与名词末尾元音保持元音和谐：a/ı/o/u → -Dan, -e/i/ö/ü → -Den；当名词以 f, s, t, k, ç, ş, h, p 结尾时，从格词缀的 d 要同化为 t。

**Örnekler　示例**

| -a, -ı, -o, -u | | -e, -i, -ö, -ü | |
|---|---|---|---|
| -dan | -tan | -den | -ten |
| manavdan | avukattan | öğretmenden | Ahmetten |
| postacıdan | sınıftan | çiftçiden | polisten |
| doktordan | yakup-tan | şoförden | köşkten |
| futbolcudan | pilottan | çöpçüden | sütten |

Ayşe okuldan dönüyor.　阿伊莎从学校回来。

Merve ve Ayşe sınıftan çıkıyorlar.　梅尔维和阿伊莎从教室出来。

Ali babasından güzel bir hediye aldı.　阿里从爸爸那里得到了一件精美的礼物。

## 第九课　抱歉，请问学校在哪里？
KONU 9　AFEDERSİNİZ, OKUL NEREDE?

2. Ayrılma hâl eki şahıs zamirlerine şu şekilde gelir.　人称代词加从格词缀：

| | |
|---|---|
| ben | benden |
| sen | senden |
| o | ondan |
| biz | bizden |
| siz | sizden |
| onlar | onlardan |

**Örnekler**　示例

| | |
|---|---|
| En güzel kitabımı benden aldın. | 他买走了我最好的一本书。 |
| Senden bana bir mesaj geldi. | 他带给我一则你那儿的消息。 |
| Bu hediye ondan geldi. | 我从他那里得到了这件礼物。 |
| Bizden ne istiyorsun? | 你想让我们做什么呢？ |
| Bu kalemleri sizden mi aldım? | 我可以从您那儿拿走这支笔吗？ |
| Yeni ders programını onlardan iste. | 管他们要新课表。 |

3. Ayrılma hâli eki, isim tamlamalarına doğrudan gelmez. Araya "n" kaynaştırma harfi girer.　名词词组之后不能直接接从格词缀，而要在其之间加连接辅助辅音字母-n-。

**Örnekler**　示例

| | |
|---|---|
| Futbol maçından geliyorum. | 我从足球赛过来。 |
| Okul müdüründen sordum. | 我问了校长。 |
| Çocuk doktorundan alacağım. | 我会从儿科医生那儿取。 |
| Nereden geliyorsun? | 你从哪儿来？ |
| Basketbol antrenmanından geliyorum. | 我篮球训练完过来。 |

**4. İsmin ayrılma halini bulmak için yükleme "Nereden?" ve "Kimden?" sorularını sorarız.** 在询问含有从格词缀的对象时，常用 Nereden, Kimden 来提问。

▲ Nereden　从哪里

A: Nereden geliyorsun?　　　　A：你从哪儿过来？
B: Piknikten geliyorum.　　　　B：我从野餐过来。

▲ Nereden nereye　从哪里到哪里

A: Leyla Hanım, nereden nereye telefon ediyor?.
A：蕾拉女士从哪里给哪里打电话？
B: Leyla Hanım, Türkiye'den Amerika'ya telefon ediyor.
B：蕾拉女士从土耳其给美国打电话。

▲ Kimden?　从/因为谁

A: Kimden korkuyorsun?　　　　A：你怕谁？
B: Korkuyorum.　　　　　　　　B：我怕吸血鬼。
Senden hiç hoşlanmıyorum.　　　我从未不喜欢你。
Sınıfta Halime'den başka　　　　教室里除了哈丽麦没有别人。
kimse yok.
Dedemden bana miras kalıyor.　　我继承了我爷爷（的财产、
　　　　　　　　　　　　　　　　相貌……）。
Ondan yardım bekleme.　　　　　别指望他的帮助。

**Kullanımı**　用法

**1. İsmi fiile bağlarken fiilde hareketin nereden başladığını bildirir.** 连接名词与动词，表示动作由何处开始。如：

Okuldan geliyoruz.　　　　　　　我们从学校过来。
İşçiler fabrikadan çıkıyorlar.　　　工人们从工厂出来。
İçeriden büyük bir gürültü geliyor.　里面传来一声巨响。

# 第九课　抱歉，请问学校在哪里？
## KONU 9　AFEDERSİNİZ, OKUL NEREDE?

2. Eklendiği ismi fiile bağlarken "sebep, sonuç" ilişkisi kurar.　连接名词与动词，表示因果关系。如：

Burada yalnızlıktan çok sıkılıyorum.　这些文字令我感到很无聊。
Hasta, kalp krizinden öldü.　他死于心脏病突发。
Şaşkınlıktan ne yapacağımı bilmiyorum.　我震惊得无所适从。

3. Zaman anlatan isimlerde bağlandığı fiilin zamanını bildirir. 连接表示时间含义的名词与动词，表示动作发生的时间段。如：

Sabahtan beri çalışıyorum.　我从早上一直工作。
Sabah erkenden yola çıkıyoruz.　我们早早上路。
Öğleden sonra stadyuma gidiyorlar.　他们下午去了体育场。

4. Eklendiği ismi başka bir isim veya fiile bir bütünün parçasını gösterme veya o bütünden gelme ilişkisi ile bağlar.　添加到一个表示整体的名词或动词后，表示部分与整体的联系。如：

Yemekten birkaç kaşık aldı.　他舀了几勺菜。
Köylülerden biri olayı anlattı.　一位村民讲述了这件事。
Buraya yakın şehirlerin birinden geliyorum.　我从与这里邻近的一个城市过来。
Bu kitabın yarısından çoğunu okudum.　我读了这本书的大部分。

5. Yer ve yön bildiren kelimelerde isim tamlamasının, tamlanan öğesi olarak fiilin yerini ve yönünü gösterir.　用于表示地点和方向的词语之间，构成名词词组，表示被修饰成分的地点和方向。如：

Bana pencerenin önünden bir çiçek ver.　从窗前递给我一朵花。

Yaşlı adam, pencerenin önünden　老人慢慢从窗前经过。
yavaşça çekildi.

Ağaçların arasından koşarak geliyor.　他从树丛间跑来。

6. İsimleri edatlara bağlar.　连接名词与介词。如：

Odada senden başka kimse yok mu?　屋里除了你没有别人了吗？
Dünden beri hiç durmadı.　从昨天就没有听过。
Hatasından dolayı özür diliyor.　他为自己的错误道歉。
Bundan sonra ne yapacağız?　这之后我们该做什么呢？
Bugünden sonra izinsiz dışarı çıkmak　今后没有允许禁止出去。
yasaktır.

7. Eklendiği ismi fiile zarf göreviyle bağlar.　连接名词与动词，用作副词。如：

Bu şiirin hepsini ezberden biliyorum.　这首诗我全部熟记于心。
Bunların hepsi kendiliğinden oldu　这完全是自发的。

8. İsmi fiile bağlarken ait olma anlamı verir.　连接名词与动词，表示所属关系。例如：

Arkadaşlarımdan kimi tanıyorsunuz?　您在我的朋友中认识谁？
Kalemlerinden hangisini bana veriyorsun?　你给我哪支笔？

## 练习　ALIŞTIRMALAR

1. Aşağıdaki cümleleri ayrılma hâli ekleriyle tamamlayınız.　请用从格词缀完成下列句子。

(1) Nere_____ geliyorsun?

KONU 9  AFEDERSİNİZ, OKUL NEREDE?

(2) Annem, market_____alışveriş yapıyor.

(3) O, İstanbul'_____ geliyor.

(4) Öğrenciler, ders_____çıkıyorlar.

(5) Ali, kantin_____ kola alıyor.

(6) Onlar, servis_____iniyor.

(7) Çocuk, yatak_____ kalkıyor.

(8) O, pencere_____bakıyor.

(9) Çantası_____bir şeyler alıyor.

(10) Yemek_____kalkıyor.

2. Aşağıdaki cümleleri ayrılma hâli ekleriyle tamamlayınız. 请用从格词缀完成下列句子。

(1) Ben sen_____hiç korkmuyorum.

(2) Ayşe_____ bana mektup geldi.

(3) Baban_____telefon var.

(4) Fatih, ben_____hoşlanmıyor.

(5) Onlar_____ nefret ediyorum.

(6) Ben_____para isteme.

(7) Siz_____bir şey rica edebilir miyim?

(8) Şu adam biz_____yardım istiyor.

(9) Onlar_____bize fayda yok.

(10) Siz_____hiç haber alamıyoruz.

## 语音脱落（音节脱落）
## SES DÜŞMESİ (Hece Düşmesi)

**Tanım** Türkçede, iç seste bulunan bir ya da birkaç sesin kaybolması olayına ses düşmesi denir. Ses düşmesi iki şekilde ortaya çıkar: ünlü düşmesi ve ünsüz düşmesi.

**定义** 土耳其语中发生的一个或数个语音丢失现象称为语音脱落。语音脱落有两种形式：元音脱落和辅音脱落。

1. Ünlü düşmesi: İkinci hecesinde bir dar sesli bulunan kelimelere ünlü ile başlayan bir ek getirilince kelimenin ikinci hecesindeki ünlü düşer. Bu ses olayına ünlü düşmesi (hece düşmesi) denir. 元音脱落：第二个音节中包含窄元音（u,ü,ı,i）的单词后接以元音开头的词缀时，第二个音节中的元音脱落。

**Örnekler** 示例

| | |
|---|---|
| Aşağıdaki metni okuyunuz. | 你们读下面的文章。 |
| Bu nehrin üzerinde iki baraj var. | 这条河上有两座堤坝。 |
| Bu resme saatlerce baktı. | 他看了这幅画几个小时。 |
| İki gündür ağzıma tek lokma girmedi. | 我两天什么都没吃。 |
| Doktor Bey göğsüm ağrıyor. | 医生先生，我胸痛。 |

Hece Düşmesi Görülen Kelimeler 发生音节脱落的单词：

(1) Bazı organ isimlerinden sonra ünlü ile başlayan ek gelince ikinci hecedeki dar ünlü düşer. 一些表示器官的名词。如：ağız - ı → ağzı karın- ı → karnı  burun - u → burnu  beyin - i → beyni boyun - n → boynu  göğüs - ü → göğsü  omuz -u → omzu

(2) Yabancı dillerden gelen bazı kelimelerde orta hece düşmesi görülür. 一些外来词。如：

şehir, fikir, ömür, akıl, resim, keşif, metin, şekil, nehir, zihin, keyif, bahis, sabır, emir, şükür, seyir…

# 第九课 抱歉，请问学校在哪里？
KONU 9  AFEDERSİNİZ, OKUL NEREDE?

2. Ünsüz düşmesi: Türkçe kelimelerden, son sesi "-k" ünsüzü ile biten bazı kelimelere "küçültme ve sevgi" belirten "-cık, -cik, -cuk, -cük, -cak, -cek" ekleri getirildiği zaman iç sesteki "k" harfi düşer. 辅音脱落：在土耳其语单词中，当以-k结尾的单词后接指小表爱后缀（-cIk）时，词尾的k要发生脱落。

**Örnekler**  示例

küçük+cük → küçücük

büyük+cek → büyücek

ufak+cık → ufacık

sıcak+cık → sıcacık

cabuk+cak → cabucak

## 练习  ALIŞTIRMALAR

1. Aşağıdaki cümleler hatalı yazılmıştır. Hatalı kelimeleri düzelterek cümleleri yeniden yazınız.  请改正下列句子。

(1) Sağ omuzumda bir ağrı var.

_____

(2) Yemekten sonra karınım rahatladı

_____

(3) Senin fikirin daha güzeldir.

_____

(4) Bu şehirin nüfusu ne kadar?

_____

(5) Bu nehirin suyu biraz acıdır.

_____

(6) Ömürün uzun olsun!

(7) Kardeşinin isimi nedir?

(8) Bu tabloda köy resimi var.

(9) Pinokyo'nun burunu çok uzun.

(10) Kardeşimin küçükçük oyuncakları var.

2. **Aşağıdaki kelimeleri örnekteki gibi yazınız.** 请仿照示例写出下列单词。

   **Örnek:** nehir-i → nehri

   (1) karın-ı →           (5) şehir-e →

   (2) metin-in →          (6) burun-um →

   (3) alın-ımız →         (7) beyin-i →

   (4) boyun-una →         (8) bahis-e →

3. **Aşağıdaki ünlü düşmesi olan kelimelerin altını çiziniz.** 请划出有元音脱落现象的单词。

   (1) Beden eğitimi dersinde Ali'nin omzu çıktı.

   (2) Kimya dersinde formüller aklımda kalmıyor.

   (3) Çocuk alnını kapıya vurmuş.

   (4) İnsanların bu takıma sabrı kalmadı.

   (5) Dedemin ağzındaki dişler çürüdü.

# 第九课　抱歉，请问学校在哪里？
**KONU 9　AFEDERSİNİZ, OKUL NEREDE?**

**4. Aşağıdaki ünsüz düşmesi olan kelimelerin altını çiziniz.**　请划出有辅音脱落现象的单词。

(1) Fırından sıcacık ekmek aldım.

(2) Bebeğin minicik elleri var.

(3) Küçücük tezgahların önünde iki müşteri bekliyor.

(4) Öğrenciler çabucak eve gittiler.

(5) Ali'nin ailesi alçacık bir dairede oturuyor.

# 第十课　苹果每公斤多少里拉?
# KONU 10　ELMANIN KİLOSU KAÇ LİRA?

> İsmin Belirtme Hali　名词宾格
> Pekiştirme Sıfatları　强化形容词
> Küçültme Sıfatları　弱化形容词
> Sıfatlarda Derecelendirme　形容词的等级

Saat 16:00'da işleri bitirdim. Evi aradım ve alışveriş yapacağımı söyledim. O sırada bir arkadaşımı gördüm. Yanıma geldi ve "Bugün alışverişe çıkalım", dedi. Kabul ettim ve neler almayı düşündüğünü sordum. O da bana geçen gün manavda sapsarı armutlar, kıpkırmızı elmalar, kapkara üzümler ve daha bir sürü taptaze meyveler gördüğünü söyledi. Oraya nasıl gideceğimizi sorduğumda buradan dümdüz gideceğimizi söyledi. Yürüyerek manavı bulduk. Manavda mevsimin en güzel meyvelerini gördüm. Başka bir

下午四点钟我下班了。我给家里打电话说我要去购物。这时我看到我的一位朋友。她走过来说："今天我们一起去买东西吧。"我同意了，并问她想要买什么。她告诉我前几天她在水果店里看到了黄澄澄的梨、红彤彤的苹果、紫莹莹的葡萄，还有很多新鲜水果。我问她该怎么去，她说从这里直走就到了。我们走到了水果店。在水果店里我看到了当

## KONU 10　ELMANIN KİLOSU KAÇ LİRA?

yerde bundan daha iyi elma ve daha büyük karpuz görmedim. Arkadaşımla beraber bu meyvelerden bol bol aldık. Meyveleri eve getirdiğimde evdekiler de meyveleri çok beğendiler. Akşam hep beraber meyvelerden yedik.

季最棒的水果。我没有在其他地方见过比这儿更好的苹果、更大的西瓜。我和朋友一起买了很多。我把水果带回家，家里人很喜欢。晚上我们一起吃水果。

## 名词宾格　İSMİN BELİRTME HÂLİ (-a,-e)

**Tanım** İsmi fiile bağlayarak isme belirlilik anlamı kazandırır. Belirtme hâli eki, ismin en sonuna gelir.

**定义** 名词宾格连接名词与动词，限定名词语义。名词宾格要加在名词最后。

### Örnekler　示例

Boyacı duvar-ı boyuyor.　　　粉刷匠刷墙。
Kitap-lar-ınız-ı kapatın.　　　把你们的书合起来。

### Not　提示

1. Belirtme hâli eki ( -ı, -i,-u,-ü) son harfi ünlü isimlere gelirken araya "y" bağlayıcı ünsüzü girer.　在以元音结尾的名词后加名词宾格（-I）时要在两者之间插入连接辅助音字母-y-。例如：

tahta-y-ı　　　kapı-y-ı　　　pencere-y-i　　　soru-y-u
ütü-y-ü　　　örtü-y-ü　　　silgi-y-i　　　perde-y-i

**Örnekler** 示例

| Tarık Bey'i gördün mü? | 你看见塔勒克先生了吗? |
| Bazıları çayı, bazıları da kahveyi seviyor. | 有的人喜欢茶，有的人喜欢咖啡。 |
| Mavi kalemi verebilir misin? | 你能把蓝笔递给我吗? |

2. Belirtme hâl eki, 3. şahıs iyelik eki ile ilgi eki (-ki) almış isimlere gelirken araya kaynaştırma harfi "n" girer. Bu durum daha çok isim tamlamalarında olur. 名词宾格接在第三人称领属格词缀以及关系后缀的名词后时，中间要插入连接辅助音-n-。此现象多见于名词词组。如：

| Çocuk, elini, yüzünü yıkıyor. | 孩子洗手洗脸。 |
| Ders kitabını ve dil bilgisi kitabını getirin. | 把课本和语法书带来。 |
| Tuba'nın kardeşini tanıyor musun? | 你认识图巴的兄弟吗? |
| Komşular, evlerini boyatıyorlar. | 邻居们把房子粉刷了。 |

3. İsmin belirtme hâli şahıs zamirlerine şu şekilde gelir. 人称代词的宾格形式如下。

| kim? | kimi? |
|---|---|
| ben | beni |
| sen | seni |
| o | onu |
| biz | bizi |
| siz | sizi |
| onlar | onları |

# 第十课　苹果每公斤多少里拉？
## KONU 10　ELMANIN KİLOSU KAÇ LİRA?

4. İsmin belirtme hâlini bulmak için yükleme "Neyi?" "Nereyi?" ve "Kimi?" sorularını sorarız.　在询问含有从格词缀的对象时，常用 Neyi, Nereyi 和 Kimi 来提问。

▲ Neyi　什么

A: Neyi tamir ediyorsun?　　　　A：你在打扫什么？
B: Televizyonumu tamir ediyorum.　B：我在擦电视。
A: Neyi suluyorsun?　　　　　　A：你在给什么浇水？
B: Ağaçları suluyorum.　　　　　B：我在给树浇水。
A: Neyi arıyorsun?　　　　　　　A：你在找什么？
B: Anahtarımı arıyorum.　　　　　B：我在找我的钥匙。

▲ Nereyi　哪里

A: Nereyi daha çok seviyorsun?　　A：你更喜欢哪里？
B: Antalya'yı daha çok seviyorum.　B：我更喜欢安塔利亚。
A: Nereyi ziyaret etmek istiyorsun?　A：你想参观哪里？
B: Arkeoloji müzesini ziyaret etmek istiyorum　B：我想去参观考古博物馆。

▲ Kimi　谁

A: Müdür Bey sizi istiyor.　　　　A：董事先生想见您。
B: Beni mi?　　　　　　　　　B：我吗？
A: Evet sizi.　　　　　　　　　A：是的，您。
A: Aileni özlüyor musun?　　　　A：你想家吗？
B: Evet, ailemi çok özlüyorum.　　B：是的，我很想家。
A: En çok kimi özlüyorsun?　　　A：你最想念谁？.
B: En çok annemi ölüyorum.　　　B：我最想念我妈妈。

## 练习　ALIŞTIRMALAR

**1. Aşağıdaki cümleleri belirtme hâli ekiyle tamamlayınız.** 请用名词宾格完成下列句子。

(1) Sen Türkçe'_____ seviyor musun?

(2) Yeni şapka_____ görebilir miyim?

(3) Şu kalem_____ istiyorum.

(4) Kuşlar_____ dinliyor musunuz?

(5) Balıklar_____ görmüyorum.

(6) Pencere_____ aç.

(7) Tahta_____ sil.

(8) Lütfen kitaplar_____ açın!

(9) Televizyon_____ açmayın!

(10) Tatlı_____ sevmiyorum.

**2. Aşağıdaki cümleleri belirtme hâli ekiyle tamamlayınız.** 请用名词宾格完成下列句子。

(1) Lütfen sınıf_____ kirletmeyiniz!

(2) İstanbul'_____ çok seviyorum.

(3) Çöpçüler sokaklar_____ temizliyor.

(4) Bu lokanta_____ hatırlıyor musun?

(5) Kuleden, Üsküdar'_____ seyrediyorum.

(6) Odan_____ topla lütfen!

(7) Yemek odası_____ temizliyorum.

(8) Müze_____ restore ediyorlar.

(9) Ofis_____ taşıyorlar.

(10) İstanbul'_____ unutamıyorum.

# 第十课　苹果每公斤多少里拉？
## KONU 10　ELMANIN KİLOSU KAÇ LİRA?

(11) Öğrenciler, öğretmen_____ bekliyor.
(12) Çalışkan öğrenciler_____ seviyorum.
(13) Siz, ben_____ hatırlıyor musunuz?
(14) Garson_____ çağır lütfen!
(15) Siz_____ bekletmek istemiyorum.

## 强化形容词　PEKİŞTİRME SIFATLARI

**Tanım** Bir sıfatın üstünlüğünün en yüksek derecesi pekiştirme sıfatlarıyla yapılır.

**定义** 表示形容词的最高程度时要使用强化形容词。

**Yapılışı** Pekikiştirme sıfatları yapılırken sıfatın ilk hecesi alınıp eğer varsa hecenin son sessiz harfi atılır, atılan harfin yerine "m, p, r, s" ünsüzlerinden biri getirilir, yapılan bu yeni hece sıfatın önüne eklenerek pekiştirme sıfatı oluşturulur.

**构成** 先把原形容词第一个音节末尾的辅音（如果有的话）换成 m, p, r, s 中的一个，再接上原形容词，成为强化形容词。

**Örnekler　示例**

| | | | |
|---|---|---|---|
| beyaz → be-m-beyaz | 雪白的 | sıcak → sı-m-sıcak | 热烘烘的 |
| Kırmızı gül | 红玫瑰 | Kıpkırmızı gül (çok kırmızı, en kırmızı) | 红艳艳的玫瑰 |
| Uzun yol | 长路 | Upuzun yol | 路漫漫 |
| Temiz elbise | 干净的衣服 | Tertemiz elbise | 干干净净的衣服 |
| Mavi gökyüzü | 蓝天 | Masmavi gökyüzü | 湛蓝的天空 |
| Boş oda | 空房间 | Bomboş oda | 空荡荡的房间 |

Manavda taptaze meyveler var. 蔬果店有非常新鲜的水果。
Kahvaltıda sımsıcak bir çay içtim. 早餐时我喝滚热的茶。
Bu yolun bir problemi yok. Burası dümdüz yol. 这条路没问题。这是条笔直的路。
Kapkaranlık gecelerde ay bize ışık verir. 在黑漆漆的夜晚月亮给了我们光亮。
Bahçede büsbüyük ağaçlar var. 花园里有一棵十分高大的树。

**Kullanımı** 用法

1. Pekiştirme sıfatı yüklem görevinde kullanılabilir. 强化形容词可以作谓语。如：

Pespembe yanak→Yanak pespembe.
粉扑扑的脸颊 → 脸颊粉扑扑的。
Yepyeni kazak→Şu kazak yepyeni.
崭新的毛衣 → 那件毛衣是崭新的。
Yemyeşil köy→Dedemin köyü yemyeşil.
绿油油的村庄 → 我爷爷的村庄绿油油的。

2. Sıfatlarda pekiştirme bazen sıfat olan kelimenin tekrarlanmasıyla da yapılır. 叠词有时也可以做强化形容词。如：

Yerde küçük küçük taşlar var. 地上有小小的石头。
Akşam akşam nereye gidiyorsunuz? 这么晚了你们去哪儿了？
Çocuklar güzel güzel oturun ve ödevlerinizi yapın. 孩子们，好好坐下写作业。
Parkta uzun uzun ağaçlar var. 公园里有高高的树。

3. Sıfatlarda pekiştirme soru eki kullanılarak da yapılabilir. Tekrarların arasına mı,mi,mu,mü soru eki getirilerek de pekiştirme

## 第十课　苹果每公斤多少里拉？
### KONU 10　ELMANIN KİLOSU KAÇ LİRA?

yapılabilir. 形容词的强化也可以通过疑问词缀来完成，在两个重复的形容词之间加入疑问词缀 mı 即可。如：

| | |
|---|---|
| Güzel mi güzel araba. | 车子真漂亮。 |
| Şirin mi şirin çocuk. | 孩子真可爱。 |
| Hızlı mı hızlı tren. | 火车多么快。 |
| Sıcak mı sıcak hava. | 天气真热。 |
| Sevimli mi sevimli kedi. | 猫多么可爱。 |

## 练习　ALIŞTIRMALAR

**1. Aşağıdaki cümleleri uygun pekiştirme sıfatı ekleriyle tamamlayınız.**
请用合适的强化形容词完成下列句子。

(1) Burada insanlar_____soğuk kış gecelerinde sohbet ediyorlar.

(2) Koyunlar, _____yeşil ağaçların altında yatıyor.

(3) Akif Bey, _____başka bir insandır.

(4) Okulun bahçesinde _____kocaman bir park var.

(5) Pazardan bize de _____taze meyveler al.

**2. Aşağıdaki boşlukları uygun ikilemelerle doldurunuz.** 请在下列强化形容词中选择合适的填空。

turuncu turuncu / sarı sarı / yeşil yeşil / kırmızı kırmızı / taze taze

(1) _____limon.

(2) _____biber.

(3) _____domates.

(4) _____sebze.

(5) _____havuç.

3. Aşağıdaki kelimelerin önüne uygun pekiştirme sıfatı getiriniz.　请在下列单词前填入适当的强化形容词。

(1) _____ su.

(2) _____ göl.

(3) _____ limon.

(4) _____ sokaklar.

(5) _____ masa.

4. Aşağıdaki pekiştirme sıfatlarını örnekteki gibi ikileme yapınız.　请按照例子改写强化形容词的形式。

**Örnek:** Upuzun ağaçlar: Uzun uzun ağaçlar

(1) Kopkolay sorular : _____

(2) Tertemiz elbiseler : _____

(3) Simsiyah gözler : _____

(4) Yepyeni eşyalar : _____

(5) Sopsoğuk sular : _____

### PEKİŞTİRME SIFATI OLAN KELİMELER 强化形容词变化表

| | | | | |
|---|---|---|---|---|
| P | kırmızı - kıpkırmızı | R | temiz - tertemiz | |
| | ince - İpince | | sefil - sersefil | |
| | sarı - sapsarı | | beyaz - bembeyaz | |
| | karanlık - kapkaranlık | | boş - bomboş | |
| | taze - taptaze | | sıcak - sımsıcak | |
| | uzun - upuzun | | yeşil - yemyeşil | |
| | dolu - dopdolu | M | başka - bambaşka | |
| | kara - kapkara | | sıkı - sımsıkı | |
| | kısa - kıpkısa | | düz - dümdüz | |
| | kuru - kupkuru | | siyah - simsiyah | |
| | canlı - capcanlı | | yaş - yamyaş | |

# 第十课 苹果每公斤多少里拉？
## KONU 10 ELMANIN KİLOSU KAÇ LİRA?

（续表）

| | | | |
|---|---|---|---|
| P | zayıf - zapzayıf | M | mavi - masmavi |
| | diri - dipdiri | | koca - koskoca |
| | şirin - şipşirin | | mor - mosmor |
| | ıslak - ıpıslak | | doğru - dosdoğru |
| | açık - apaçık | | bayağı - basbayağı |
| | kolay - kopkolay | S | belli - besbelli |
| | dar - dapdar | | tamam - tastamam |
| | yeni - yepyeni | | pembe - pespembe |
| | soğuk - sopsoğuk | | yuvarlak - yusyuvarlak |
| | çürük - çüpçürük | | katı - kaskatı |
| | yeşil - yemyeşil | | |

## 弱化形容词 KÜÇÜLTME SIFATLARI

**Tanım** Küçültme ekleri, sıfatlardan sonra gelerek sıfatın gösterdiği anlama yakın ya da benzer yeni bir anlam verir.

**定义** 在形容词后加弱化词缀，表达程度比原词较弱或相近的意思。

**Kullanımı** 用法

1. cA(-ca, -ce): Benzerlik ve yakınlık anlamı vardır. 表达相似或相近的意思。如：

Temizce bir ev. (temize yakın bir ev)　基本上干净的房子
Pahalıca bir araba. (pahalıya yakın bir araba)　小贵的汽车
Elbise yapmak için yeşilce bir kumaş aldım.　我为了做衣服买了块有点绿的布。
Yeşim Hanım, güzelce bir kadındır.　叶锡姆女士有几分姿色。

2. c*I*k(-cık, -cik,-cuk,-cük) Küçültme ve sevimli anlamı vardır. 小称表达喜爱意（指小表爱后缀）。如：

Ben bu **ufacık** odada yaşıyorum. 我住在这个小巧的房间里。
Bu mektubu **biricik** eşime gönderiyorum. 我把这封信寄给我亲爱的妻子。
**Küçücük** çocuk, kocaman bavulu kaldırdı. 小小的孩子提着一只巨大的行李箱。

3. -(*I*)ms*I* (-ımsı,-imsi,-umsu) Biraz ve yakın anlamı vardır. 表达有一点或与原词相近的意思。如：

Hale'nin **yeşilimsi** elbisesi ona çok yakışmıştı. 哈勒的浅绿色衣服很适合他。
Murat Beyin **sarımsı** yüzünü görünce çok şaşırdım. 我看到穆拉特先生脸色发黄，十分惊讶。
Dün yediğim **acımsı** yemek midemi rahatsız etti. 昨天我吃了有点儿辣的食物，胃不舒服。
Kırda ilk defa gördüğüm **morumsu** çiçekler çok güzel kokuyordu. 我第一次在乡下见到的淡紫色花，闻起来很香。

4. -(*I*)mtırak(-ımtırak,-imtırak,-umtırak) İçinde az bulunma anlamı vardır. 表达有一点的意思。如：

Derya hanım **beyazımtırak** bir elbise giymişti. 戴尔亚女士穿了件有点儿发白的衣服。
Aldığım **morumtırak** kumaşı herkes çok beğendi. 每个人都喜欢我买的淡紫罗兰色布料。
Bu **mavimtırak** elbise sana çok yakışıyor. 这件浅蓝色的衣服很适合你。
**Ekşimtırak** elmaları çok severim. 我特别喜欢酸溜溜的苹果。

## 第十课　苹果每公斤多少里拉？
### KONU 10　ELMANIN KİLOSU KAÇ LİRA?

Ben biraz **acımtırak** yemekleri 我喜欢微辣的食物。
seviyorum.

5. "-(*I*)msı"ve "-(*I*)mtırak"ekleri daha çok renk ve tat ile ilgili sözcüklere gelir. Her iki ek de aynı anlamdadır.　词缀 -(*I*)msı 和 -(*I*)mtırak 表意相近，多用于表示颜色和味道的词语中。如：

yeşilimsi kumaş =yeşilimtırak kumaş　　淡绿色的布料
mavimsi elbise =mavimtırak elbise　　　淡蓝色的衣服
acımsı yemek =acımtrak yemek　　　　微辣的食物
ekşimsi elma =ekşimtırak elma　　　　　有点酸的苹果

## 形容词的等级
## SIFATLARDA DERECELENDİRME

Sıfatlarda derecelendirme dört şekilde yapılır:　形容词的等级由四种形式构成：

1. Eşitlik derecesi: İki varlık arasındaki niteliğin benzer ya da eşit olduğunu gösterir.　同级：表达两个事物间性质相似或相同。

**Yapılışı** Sıfat olan kelimelerin önüne "gibi" ve "kadar" edatlarının getirilmesiyle yapılır.

**构成** 在形容词前加gibi, 或在形容词后接后置词 kadar
(1) gibi　像……一样

Taş gibi sert yastıkta yatıyor.　　　　我坐在石头似的垫子上。
Şunlar bal gibi tatlı meyvelerdir.　　　那些水果像蜜一样甜。
Cennet gibi güzel vatanınız var.　　　你们的祖国美好如天堂。
Ekmek ateş gibi sıcak elim yandı.　　面包像火焰一样烫到了我的手。

(2) kadar（表示程度）像……一样

| Tolga, kuş kadar hafif bir çocuktur. | 托尔加是个像鸟一样轻快的孩子。 |
| Olcay, Tekin kadar çalışkan bir öğrencidir. | 奥尔扎伊是个和泰金一样勤奋的学生。 |
| Bu sınav kadar zor bir sınav görmedim. | 我没见过像这次这么难的考试。 |
| Orhan, bir aşçı kadar güzel yemekler yapıyor. | 奥尔罕做的菜像厨师一样好。 |
| Onun kadar yakışıklı adam görmedim. | 我没见过像他这么英俊的男子。 |

2. Üstünlük (karşılaştırma) derecesi: Bir varlıktaki özelliğin başka bir varlıktan daha çok, daha üstün, daha az, daha düşük olduğunu gösterme derecesidir. 比较级（对比）：表达事物的某一特性与其他事物相比更多、程度更高，或更少、程度更低。

**Yapılışı** Sıfatlardan önce gelen "daha" kelimesiyle yapılır.

构成 在形容词前加daha（更）。如：

**Örnekler** 示例

| komik film → daha komik film | 喜剧电影 → 更令人发笑的电影 |
| Bursa, güzel bir şehirdir. | 布尔萨是一座美丽的城市。 |
| Ankara, daha güzel bir şehirdir. | 安卡拉是一座更美丽的城市。 |
| İstanbul, Ankara''dan daha güzel bir şehirdir. | 伊斯坦布尔是一座比安卡拉还美的城市。 |

# 第十课　苹果每公斤多少里拉？
## KONU 10　ELMANIN KİLOSU KAÇ LİRA?

A: Bu kalemi beğendim; ama bundan daha güzel bir kalem var mı?

A：我喜欢这支笔，但有比这支笔更好的吗？

B: Bundan daha iyi bir kalem yok.

B：这里找不到更好的笔了。

3. En üstünlük derecesi: Sıfattaki niteliğin en üst düzeyini gösterme derecesidir.　最高级：表示形容词所描述的特性是程度最高的。

**Yapılışı** Sıfatın önüne, "en" gibi kelimelerin getirilmesiyle yapılır.

**构成** 在形容词前加en（最）。如：

**Örnekler** 示例

Benim en iyi arkadaşım Büşra'dır.　我最好的朋友是碧施娃。
Ülkemizin en ünlü sanatçısı Tarkan'dır.　我们国家最著名的歌手是塔尔坎。
Ülkenizin en ünlü yemeği nedir?　你们国家最著名的食物是什么？

4. Aşırılık Derecesi: Sıfatlardaki aşırılık derecesi, üstünlük derecesi ile en üstünlük derecesi arasında bir yer alan dereceyi belirtir.　较高级：形容词的较高级表示比较级与最高级之间的程度。

**Yapılışı** Sıfatın önüne "çok, pek, çok az, pek çok" kelimesinin getirilmesiyle yapılır.

**构成** 在形容词前加çok（很），pek（相当），çok az（很少），pek çok（相当多）等程度副词。如：

**Örnekler** 示例

Televizyonda çok ilginç bir program var.    电视上有一个非常有趣的节目。

Pek çok insan otobüsü tercih eder.    相当多的人选择乘公交车。

Çok yorucu bir gün geçti.    非常劳累的一天过去了。

Araba: iyi araba, daha iyi araba, pek iyi araba / çok iyi araba, en iyi araba

车： 好车    更好的车    相当好的车/非常好的车    最好的车

Ev: geniş ev,    daha geniş ev,    pek geniş ev / çok geniş ev,

房子：宽敞的房子    更宽敞的房子    相当宽敞的房子/非常宽敞的房子

en geniş ev

最宽敞的房子

## 练习 ALIŞTIRMALAR

1. **Aşağıdaki cümleleri "gibi, kadar, daha, en" kelimelerinden uygun olanla tamamlayınız.** 请从程度副词gibi, kadar, daha, en中选择合适的完成下列句子。

    (1) Dünyanın _____ kalabalık ülkesi Çin'dir.

    (2) Ben, kardeşim _____ şişman değilim.

    (3) Metin, Selim'den _____ kısa boylu bir insandır.

    (4) Salon _____ odamız var.

    (5) Ülkemizin _____ ünlü sanatçısı Muazzez Ersoy'dur.

    (6) Kimya, fizik _____ zor bir derstir.

    (7) Ocak, aralıktan _____ soğuk bir aydır.

    (8) Komşumuzun aslan _____ çocukları var.

    (9) _____ zor ders hangisidir?

    (10) Senin _____ yaramaz bir çocuk var mı?

(11) Dünyanın _____ pahalı şehirlerinden biri Tokyo'dur.

(12) Kulübe _____ bir evde oturuyor.

(13) Birinci yol, ikinci yoldan _____ kısa bir yoldur.

**2. Aşağıdaki soruları cevaplayınız.    请回答下列问题。**

(1) Sence en iyi takım hangisidir?

_____

(2) Sence en güzel ülke hangisidir?

_____

(3) Sınıfınızın en uzun boylu öğrencisi kimdir?

_____

(4) Sınıfınızın en sportmen öğrencisi kimdir?

_____

(5) Sınıfınızın en komik öğrencisi kimdir?

_____

# 第十一课　您从市场买了什么？
## KONU 11　MARKETTEN NE ALDINIZ?

> Gelecek Zaman　将来时
> İsmin Vasıta Hali　名词与格
> İsmin İlgi Hali　名词所有格
> İsmin Eşitlik Hali　名词等格

Mesut: Günaydın anne.

Yasemin: Günaydın oğlum.

Mesut: Anne kahvaltıyı ne zaman yapacağız?

Yasemin: Biraz sonra hazır olacak. Sen önce elini, yüzünü yıka. Çayımız birazdan kaynayacak.

Mesut: Tamam anne şimdi yıkarım.

Aydın: Hanım, bugün kahvaltıda neler var?

Yasemin: Size kendi ellerimle börek yaptım. Birazdan sucuklu yumurta da yapacağım.

梅苏特：早安，妈妈。

亚塞明：早安，儿子。

梅苏特：妈妈，我们什么时候吃早饭呀？

亚塞明：一会儿就准备好了。你先洗手洗脸吧。茶稍后就煮好。

梅苏特：好的妈妈，我现在就去洗。

艾　登：老婆，今天早餐有什么？

亚塞明：我亲手为你们做了千层酥点，过一会儿我去做香肠煎鸡蛋。

## KONU 11 MARKETTEN NE ALDINIZ?
## 第十一课　您从市场买了什么？

Aydın: Başka neler yiyeceğiz?　艾　登：还有什么别的吃的吗？

Yasemin: Bal, peynir, zeytin, helva yiyeceğiz.　亚塞明：蜂蜜、奶酪、橄榄和哈尔瓦酥糖。

Mesut: Anne sofraya başka bir şey koyacak mısın?　梅苏特：妈妈，我还要在餐桌上摆些别的吗？

Yasemin: Tamam oğlum her şeyi sofraya koydum. Artık kahvaltı yapabiliriz.　亚塞明：可以了儿子，我已经把所有东西摆上桌了。现在我们开饭吧。

Mesut: Ellerine sağlık anne, mükemmel bir kahvaltıydı.　梅苏特：妈妈您辛苦了，真是一顿完美的早餐。

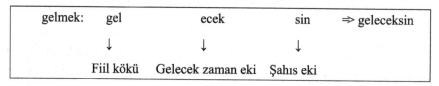

将来时　GELECEK ZAMAN (-AcAk)

**Tanım** Fiilde bildirilen işin ve hareketin, içinde bulunulan zamandan sonra yapılacağını belirtir.

定义　表示动作发生在将来，说话时尚未开始。

**Yapılışı** Fiil + Gelecek zaman eki (-AcAk) + Şahıs eki

构成　动词+将来时词缀（-acak,-ecek）+人称后缀

| gelmek: | gel | ecek | sin | ⇒ geleceksin |
|---|---|---|---|---|
| | ↓ | ↓ | ↓ | |
| | Fiil kökü | Gelecek zaman eki | Şahıs eki | |

**Örnek diyalog**　对话示例

Ayşe: Merhaba Ali? Nasılsın?　阿伊莎：你好阿里，还不错吧？

Ali: Teşekkür ederim.　阿　里：谢谢。

Ayşe: Öğleden sonra ne yapacaksın?　阿伊莎：你下午做什么？
Ali: Sinemaya gideceğim. Ya sen?　阿　里：我看电影去。你呢？
Ayşe: Ben de ailemle pikniğe gideceğim.　阿伊莎：我和我家人去野餐。
Ali: Sana iyi eğlenceler.　阿　里：祝你玩得开心。
Ayşe: Sana da.　阿伊莎：你也是。

**Not　提示**

1. "-acak, -ecek" ekleri fiillere şu şekilde gelir: a -ı - o - u → -acak, e - i - ö - ü → -ecek. AcAk 词缀中元音的变化应与词干末尾元音保持元音和谐：-a/ı/o/u → -acak，-e/i/ö/ü → -ecek。

2. Fiilin sonunda ünlü harflerden biri varsa araya "y" ünsüzü girer. 以元音字母结尾的动词变成将来时，要在词干和将来时词缀间插入连接辅助音-y-。如果插入的连接辅助音字母y前的元音为宽元音a, e，则其读音要窄化为ı, i。如：yürü-y-ecek; oku-y-acak; izlemek → izleyeceğiz。

3. Ünsüz yumuşamasından dolayı birinci şahısta "k" sessizi yumuşayarak "ğ" olur. 根据辅音浊化原则，将来时后缀接第一人称后缀时，辅音k变为ğ。如：yüz-ecek-im → yüzeceğim。

4. İstisna: de- ve ye- fiillerine gelecek zaman ekleri gelirse e harfi i harfine dönüşür; et-, git- ,tat-, fiillerinde t harfi d harfine dönüşmektedir. 动词demek 和yemek 接将来时词缀，要把词干末尾的元音字母 e 变成 i；动词etmek, gitmek 和tatmak 接将来时词缀，要把词干末尾的辅音字母 t 变成 d。如：

demek → diyecek　yemek → yiyecek
Bütün yemeklerden tadacak.　　他会品尝所有的菜肴。

# 第十一课 您从市场买了什么?
## KONU 11  MARKETTEN NE ALDINIZ?

Yarın nereye gideceğiz?  明天我们去哪儿?
Birbirinize yardım edeceksiniz.  你们会互相帮助。

### FİİL ÇEKİMİ  动词变位

1. Gelecek Zaman (Olumlu)  将来时(肯定式)

| | fiil + şimdiki zaman eki + şahıs eki | | |
|---|---|---|---|
| | yürümek | çalışmak | yüzmek |
| ben | yürüyeceğim | çalışacağım | yüzeceğim |
| sen | yürüyeceksin | çalışacaksın | yüzeceksin |
| o | yürüyecek | çalışacak | yüzecek |
| biz | yürüyeceğiz | çalışacağız | yüzeceğiz |
| siz | yürüyeceksiniz | çalışacaksınız | yüzeceksiniz |
| onlar | yürüyecekler | çalışacaklar | yüzecekler |

**Örnekler**  示例

Çocuklar, dersten sonra sahile gidecek.  孩子们课后会去海滩。
Babam, yemekten sonra gazete okuyacak.  爸爸饭后会读报纸。
Bütün hayatını kitap haline getirecek.  他将把自己的整个人生活成一部书。

2. Gelecek Zaman (Olumsuz)  将来时(否定式)

| | fiil+olumsuzluk eki+ gelecek zaman eki+şahıs eki | | |
|---|---|---|---|
| | yürümek | çalışmak | yüzmek |
| ben | yürümeyeceğim | çalışmayacağım | yüzmeyeceğim |
| sen | yürümeyeceksin | çalışmayacaksın | yüzmeyeceksin |
| o | yürümeyecek | çalışmayacak | yüzmeyecek |
| biz | yürümeyeceğiz | çalışmayacağız | yüzmeyeceğiz |
| siz | yürümeyeceksiniz | çalışmayacaksınız | yüzmeyeceksiniz |
| onlar | yürümeyecekler | çalışmayacaklar | yüzmeyecekler |

**Örnekler** 示例

Yarın pazara gitmeyeceğim. 我明天不去集市。
Ahmet'e mektup yazmayacağım. 我不会给艾哈迈德写信。
Bu sene tembel olmayacağım. 今年我不能犯懒。
Yarın kar yağmayacak. 明天不会下雪。
Artık kavga etmeyeceksin. 你别再打架了。

3. Gelecek Zaman (Soru) 将来时（疑问式）

| | fiil+gelecek zaman eki+soru eki+şahıs eki | | |
|---|---|---|---|
| | yürümek | çalışmak | yüzmek |
| ben | yürüyecek miyim? | çalışacak mıyım? | yüzecek miyim? |
| sen | yürüyecek misin? | çalışacak mısın? | yüzecek misin? |
| o | yürüyecek mi? | çalışacak mı? | yüzecek mi? |
| biz | yürüyecek miyiz? | çalışacak mıyız? | yüzecek miyiz? |
| siz | yürüyecek misiniz? | çalışacak mısınız? | yüzecek misiniz? |
| onlar | yürüyecekler mi? | çalışacaklar mı? | yüzecekler mi? |

**Örnekler** 示例

Öğrenciler, akşam voleybol oynayacaklar mı? 学生们晚上会打排球吗？
Onlar, denize gitmeyecekler mi? 他们不去海边吗？
Sen ders çalışacak mısın? 你要做功课吗？
Siz yabancı dil öğrenecek misiniz? 您以后会学外语吗？
Üniversiteniz bu sene bitecek mi? 你们今年大学毕业吗？
Selim gelecek hafta evlenecek mi? 塞利姆是下周结婚吗？

**Kullanımı** 用法

1. Emir kipi yerine kullanılabilir. Emir anlamında kullanılır. 用于

## 第十一课　您从市场买了什么？
### KONU 11　MARKETTEN NE ALDINIZ?

命令语境中，表达命令意。如：

Şimdi git, sabah erken geleceksin. 　　现在走，明天早点来。
(Şimdi git, sabah erken gel.)

Bir daha sigara içmeyeceksin. 　　你别再吸烟了。
(Bir daha sigara içme.)

2. Gereklilik kipi yerine kullanılabilir. Fiilin yapılması gerektiğini anlatır. 用于必须语境中，表示必须的含义。如：

Acı ve ekşi yiyeceklerden kaçınacaksın. 你一定要避免辛辣和酸
(Acı ve ekşi yiyeceklerden kaçınmalısın.) 味的食物。

Verilen görevleri yerine getireceksin. 一定要执行派下来的任
(Verilen görevleri yerine getirmelisin.) 务。

3. Şimdiki zaman, gelecek zaman yerine kullanılabilir. 现在时也可以表达将来时的意思。如：

Kardeşim, yarın geliyor. 　　我兄弟明天来。
(Kardeşim, yarın gelecek.)

En kısa zamanda sularınız akıyor. 你们的供水会很快恢复。
(En kısa zamanda sularınız akacak.)

4. Geniş zaman, gelecek zaman yerine kullanılabilir. 宽广时也可以表达将来时的意思。宽广现在时表示"会"，将来时表示"肯定会"，两者语气不同。例如：

Babam bu habere çok sevinir. 　　我爸爸肯定会为这个消息感到
　　　　　　　　　　　　　　　　高兴的。

(Babam bu habere çok sevinecek.) （我爸爸会为这个消息感到高
　　　　　　　　　　　　　　　　兴的。）

Bu haberi duyarsa çok üzülür. 她/他如果听了这个消息会很伤心。

(Bu haberi duyarsa çok üzülecek.) （她/他如果听了这个消息肯定会特别伤心）。

## 练习　ALIŞTIRMALAR

1. **Aşağıdaki cümleleri örnekteki gibi uygun fiillerle tamamlayınız. (Gelecek zaman olumlu)** 请仿照示例，用将来时的肯定式将下列句子补充完整。

   **Örnek:** Bugün ona telefon edeceğim.

   (1) Seni durakta bekle＿＿＿＿＿

   (2) Yarın akşam size bir kitap getir＿＿＿＿＿

   (3) Seni her zaman hatırla＿＿＿＿＿

   (4) Ali Beyle gelecek hafta görüş＿＿＿＿＿

   (5) Yarın futbol oyna＿＿＿＿＿

2. **Aşağıdaki cümleleri örnekteki gibi uygun fiillerle tamamlayınız. (Gelecek zaman olumsuz)** 请仿照示例，用将来时的否定式将下列句子补充完整。

   **Örnek:** Seni affetmeyeceğim.

   (1) Sizinle sinemaya git＿＿＿＿＿

   (2) Babam, yarın gel＿＿＿＿＿

   (3) Yarın yağmur yağ＿＿＿＿＿

   (4) Sana yardım et＿＿＿＿＿

   (5) Sizinle futbol oyna＿＿＿＿＿

   (6) Odamı topla＿＿＿＿＿

   (7) Yemek yap＿＿＿＿＿

# 第十一课　您从市场买了什么？
### KONU 11　MARKETTEN NE ALDINIZ?

(8) Onlar buraya gel_____

**3. Aşağıdaki sorulara örnekteki gibi "evet" ve "hayır" ile cevap veriniz.** 请仿照示例，用evet和hayır作答。

**Örnek:** Kitap okuyacak mısın?

　　　　 Evet, okuyacağım.

　　　　 Hayır, okumayacağım.

(1) Tatilde İzmir''e gidecek misiniz?

_____

_____

(2) Televizyon seyredecek miyiz?

_____

_____

(3) Öğrenciler, basketbol oynayacak mı?

_____

_____

(4) Öğle yemeğinde kebap yiyecek misin?

_____

_____

(5) Öğleden sonra maça gidecek miyiz?

_____

_____

**4. Aşağıdaki karışık kelimelerden gelecek zamanlı cümleler kurunuz.** 连词成句。

(1) Ahmet / öğrenmek / bilgisayar / tatilde

_____

(2) babam / dikmek / baharda / ağaç / gelecek

_____

(3) yapmak / kek / annem / hafta sonu

_____

(4) onlar / gitmek / temmuzda / tatile

_____

(5) yazmak / Ayşe / mektup / Ahmet''e

_____


5. **Aşağıdaki görülen geçmiş zamanlı cümleleri gelecek zamana çeviriniz.** 请将下列过去时的句子变成将来时。

(1) Babam, Ankara''ya gitti.

_____

(2) Öğrenciler, kahvaltıya peynir, zeytin ve bal yedi.

_____

(3) Futbolcular, sahaya çıktı?

_____

(4) Ali, saçını kestirdi.

_____

(5) Siz süpermarkete gittiniz mi?

_____


6. **Aşağıdaki soruları cevaplayınız.** 请回答下列问题。

(1) Bu yaz Amerika'ya gidecek misin?
　　Evet, _____

(2) Hafta sonu dedeni ziyaret edecek misin?
　　Hayır, _____

# 第十一课　您从市场买了什么？
## KONU 11　MARKETTEN NE ALDINIZ?

(3) Bana borç para verecek misin?

　　Evet, _____

(4) Yarın akşam dışarı çıkacak mısın?

　　Hayır, _____

(5) Tarkan'ın yeni kasetini alacak mısın?

　　Evet, _____

(6) Bu geceki partide dans edecek misin?

　　Hayır, _____

7. Aşağıdaki cevaplara uygun sorular yazınız.　请根据回答写出相应的问句。

(1) _____?

　　Hayır, yarın gece konsere gitmeyeceğim.

(2) _____?

　　Evet, bu yaz tatile gideceğim.

(3) _____?

　　Evet, seni çok özleyeceğim.

(4) _____?

　　Hayır, bugün antrenman yapmayacağım.

(5) _____?

　　Evet, yarın sabah erken kalkacağım.

(6) _____?

　　Hayır, kahve içmeyeceğim.

8. Aşağıdaki boşlukları gelecek zaman ekleriyle doldurunuz.　请用将来时词缀填空。

　　Nilüfer yarın Antalya'dan İstanbul'a uçakla (1)gel_____. İstanbul''da iki hafta (2)kal_____ Birlikte İstanbul'u

(3)gez_____ Ben güzel bir plan yaptım. Pazartesi günü Topkapı Sarayı''na (4)git_____ Salı günü Ayasofya Müzesi'ni ziyaret (5)et_____. Çarşamba günü Adalara (6)git_____. Perşembe günü Dolmabahçe Sarayı'nı (7)gez_____ Hafta sonu denize (8)git_____.

## 名词与格　İSMİN VASITA HÂLİ (-la,-le)

**Tanım** "ile" kelimeler arasında çeşitli anlam ilgileri kurar. En önemlileri, vasıta, beraberlik ve durum ilgisidir.

**定义** ile表示两个词之间的某种关联，主要是凭借某种方式、与某人相伴、处于某种状态。

1. NE İLE? (NEYLE?)

"İle" vasıta eki kendinden önceki kelimeyle birlikte yazılabilir. Bu durumda: 后置词 ile 和它所连接的词既可合写又可分写：

(1) 合写：Kelimenin sonu sessizle bitiyorsa ve kelimenin son hecesinde kalın sesli harflerden (a, ı, o, u) biri varsa ek "-la", ince sesli harflerden (e, i, ö, ü) biri varsa ek "-le" şeklinde yazılır. 若被连接词以辅音结尾，与格词缀 -lA 中的元音应与被连接词的末音节元音保持元音和谐：a/ı/o/u → -la, -e/i/ö/ü → -le。如：

uçak ile → uçakla　　　　otobüs ile → otobüsle
vapur ile → vapurla

A: Nereye gidiyorsun?　　　A：你去哪儿？
B: Almanya'ya gidiyorum.　　B：我去德国。
A: Ne ile gidiyorsun?　　　A：你怎么去？
B: Trenle ile gidiyorum.　　B：我坐火车去。

## 第十一课　您从市场买了什么？
### KONU 11　MARKETTEN NE ALDINIZ?

A: Akşam nereye gideceksiniz?　　A：您晚上去哪儿？
B: Sinemaya gideceğim.　　　　　B：我去看电影。
A: Kim ile gideceksiniz?　　　　　A：您和谁去？
B: Ahmet ile gideceğim.　　　　　B：我和艾哈迈德一起去。

(2) Sonu sesli ile biten isimlere vasıta hâli eki "-lA" doğrudan gelmez. Araya "y" kaynaştırma harfi girer.　以元音结尾的名词之后不能直接接与格词缀 -lA，要在它们之间插入连接辅助音 -y-。如：

Araba le → arabayla　　　　　　gemi ile → gemiyle

A: Malları neyle göndereceksin?　A：你怎么运货？
B: Gemiyle göndereceğim.　　　　B：我用轮船运货。
A: Ahmet Bey işe ne ile gidecek?　A：艾哈迈德先生怎么上班？
B: Ahmet Bey işe taksiyle gidecek.　B：艾哈迈德先生打车上班。
A: Ömer okula ne ile gidecek?　　A：欧麦尔怎么上学？
B: Ömer okula metroyla gidecek.　B：欧麦尔坐地铁上学。

Kadın karpuzu bıçakla kesiyor.　　妻子用刀切西瓜。
Bu araba benzinle çalışıyor.　　　这辆车靠汽油发动。
Araba çok hızlı 140'la gidiyor.　　车开得很快，到了140迈。
Benim topumla oynayalım.　　　　我们打球吧。
Çorbayı kaşıkla içeriz, zeytini çatalla yeriz.　我们用勺喝汤，用叉子吃橄榄。

## 2. KİM İLE? (KİMİNLE?)

**Örnek Diyalog**　对话示例

A: Nereye gidiyorsun?　　　　　　A：你去哪儿？
B: Tatile gidiyorum.　　　　　　　B：我去度假。

A: Kiminle gidiyorsun?  　　　　A：你和谁去？
B: Ailemle.  　　　　　　　　　B：和家人一起。

"İle" vasıta hali şahıs zamirlerine şu şekilde gelir. 人称代词的与格变化形式：

| ben | benimle |
| --- | --- |
| sen | seninle |
| o | onunla |
| biz | bizimle |
| siz | sizinle |
| onlar | onlarla |

## 练习　ALIŞTIRMALAR

1. Aşağıdaki cümleleri vasıta hâli ekleriyle tamamlayınız. 请用与格将下列句子补充完整。

   (1) Okula otobüs_____ gidiyorum.

   (2) Tatile uçak_____ gidiyoruz.

   (3) Öğretmen, tahtaya tebeşir_____ yazıyor.

   (4) Tahtayı silgi_____ silin.

   (5) Okula bisiklet_____ gelmeyin.

   (6) Kütüphaneden form_____ kitap alın.

   (7) Kalem_____ oynama.

   (8) Gitar_____ konser veriyor.

2. Aşağıdaki cümleleri vasıta hâli eki "-la, -le" ile tamamlayınız. 请在下列句子中填入与格词缀-la 或-le。

   (1) Ben, sen_____ ders çalışmak istiyorum.

## 第十一课 您从市场买了什么?
### KONU 11　MARKETTEN NE ALDINIZ?

(2) Ben_____ sinemaya gelir misin?

(3) Dedem_____ satranç oynuyorum.

(4) Arkadaşlarım_____ futbol oynamak istiyorum.

(5) Sen_____ biraz konuşmak istiyorum.

(6) Onlar_____ beraber oturmak istemiyorum.

(7) Ali, Furkan'_____ geziyor, Veli, Harun'_____ futbol oynuyor.

(8) Maçtan sonra soğuk su_____ yüzümü yıkadım.

3. Aşağıdaki cümleleri uygun eklerle tamamlayınız.　请在下列句子中填入合适的词缀。

(1) Ev_____ okul_____ yürüyerek gidiyorum.

(2) Antalya'_____ üç gün kalıyoruz.

(3) Öğrenciler, sınıf_____ öğretmen_____ bekliyor.

(4) Pencere_____ bahçe._____ bakıyor.

(5) Almanya'_____ Türkiye'_____ uçak_____ geliyor.

(6) Ekmek_____ bakkal_____ al.

(7) Tebeşir_____ masaya koy.

(8) Benim_____ sinema_____ geliyor.

> ### 名词所有格
> ### İSMİN İLGİ HALİ (-ın, -in, -un, -ün)

**Tanım** Bir ismin başka bir isimle ilgisini gösterir.

**定义** 表示名词与名词之间的所属关系，其语义相当于汉语的"的"。

**Yapılışı** Eklendiği ad ile başka bir ad arasında, sahiplik ve ilgi kuran eklere ilgi eki denir.

**构成** 名词和人称代词的所有格由名词和人称代词加所有格词缀构成。

1. İlgi hali eki son harfi ünsüz isimlere "-ın,-in,-un,-ün" şeklinde gelir. 以辅音结尾的名词和人称代词，其所有格词缀为 -*I*n (-ın,-in,-un,-ün)。如：

gözün rengi 眼睛的颜色　　evin önü 屋前

2. İlgi hâli eki son harfi ünlü isimlere "-nın, -nin, -nun, -nün" şeklinde gelir. 以元音结尾的名词和人称代词，其所有格词缀为 -n*I*n (-nın, -nin, -nun, -nün)。如：

kapının kolu 门把手　　radyonun sesi 收音机的声音

**Kullanımı** 用法

1. İsim tamlamalarında kullanılır. 用于名词词组中。如：

NEYİN? 什么的？　　　　　KİMİN? 谁的？
Defterin sayfası 本页　　　 Ali'nin çantası 阿里的包
Kalemin rengi 笔的颜色　　 Öğretmenin arabası 老师的车
Evin bacası 房屋的烟囱　　 Dedemin şapkası 我爷爷的帽子
Kedinin yavrusu 自己的孩子  Onların kitapları 他们的书

2. Zamirleri bazı edatlara bağlar. 连接代词和某些后置词。如：

Bu kitapları senin için alıyorum.　　这本书是带给你的。
Onun kadar zeki bir öğrenci yok.　　没有像他那么聪明的学生。
Sizin için ne yapabilirim?　　　　我能为您做什么吗？
Senin gibi bir kardeşimin　　　　我想有一个像你一样的
olmasını istiyorum.　　　　　　 兄弟姐妹。

# 第十一课　您从市场买了什么？
## KONU 11　MARKETTEN NE ALDINIZ?

## 名词等格　İSMİN EŞİTLİK HALİ

**Tanım** Eşitlik hâli eki "-ca, -ce" dir. "-ca, -ce" eki adlarda ve ad soylu kelimelerde eşitlik derecesini gösterir. Bu ekler farklı anlamları da içerir.

**定义** 等格词缀-cA加在名词和名词性词语后，表示相似程度。这个词缀也有其它含义。

**Kullanımı**　用法

1. Eşitlik hâli eki eşitlik derecesini gösterir. 等格词缀加在名词后，表示相似。如：

askerce → asker gibi　　像士兵一样
çocukça → çocuk gibi　　像孩子一样

2. "-ca, -ce" eşitlik eki "göre" edatı ile aynı anlamda da kullanılabilir. Şahıs zamirlerine şu şekilde gelir. 等格词缀 -cA可以接在人称代词之后，代替后置词 göre，用以表达观点，相当于"某人觉得"。如：

Bence matematik kolay, sence?　我觉得数学简单，你觉得呢？
Öğretmenim, sizce biz nasıl öğrenciyiz?　老师,您觉得我们是怎样的学生？
Sence ben çalışkan mıyım?　你觉得我努力吗？
Sizce para değerli mi, değil mi?　您觉得钱很值钱，不是吗？

人称代词的等格变化形式如下：

| Kim? | Kimce? |
|---|---|
| Ben | Bence=Bana göre |
| Sen | Sence=Sana göre |
| O | Onca=Ona göre |

（续表）

| Biz | Bizce=Bize göre |
|---|---|
| Siz | Sizce=Size göre |
| Onlar | Onlarca=Onlara göre |

3. "-ca, -ce" eşitlik eki 3. tekil ve çoğul şahıslarda çok kullanılmaz. Bunun yerine "göre" edatı kullanılır. 等格词缀 -cA接在第三人称后的用法很少见，因为onca意为"多次"，onlarca意为"好几十（个、次……）"，第三人称和人名等只能用后置词göre。如：

ona göre　他认为　　onlara göre　他们认为

**附表：名词变格表**

| | Yalın Hâli 原格 | Belirtme Hâli 宾格 | Yönelme Hâli 向格 | Bulunma Hâli 位格 | Ayrılma Hâli 从格 | Vasıta Hâli 与格 | Eşitlik Hâli 等格 | İlgi Hâli 所有格 |
|---|---|---|---|---|---|---|---|---|
| Ekler 词缀 | - | -ı, -i -u, -ü | -a, -e | -da, -de | -dan, -den | -ile | -ca, -ce | -ın, -in, -un, -ün |
| Sorular 疑问词 | kim? ne? | kimi? neyi? | kime? neye? | kimde? nerede? | kimden? nereden? | kiminle? ne ile? | kiminle? ne ile? | kimin? neyin |
| Şahıs Zamirleri 人称代词 | ben sen o biz siz onlar | beni seni onu bizi sizi onları | bana sana ona bize size onlara | bende sende onda bizde sizde onlarda | benden senden ondan bizden sizden onlardan | benimle seninle onunla bizimle sizinle onlarla | bence sence onca bizce sizce onlarca | benim senin onun bizim sizin onların |
| İşaret Zamirleri 指示代词 | bu şu o bunlar şunlar onlar | bunu şunu onu bunları şunları onları | buna şuna ona bunlara şunlara onlara | bunda şunda onda bunlarda şunlarda onlarda | bundan şundan ondan bunlardan şunlardan onlardan | bununla şununla onunla bunlarla şunlarla onlarla | | bunun şunun onun bunların şunların onların |

# 第十二课　您想点些什么菜？
# KONU 12　YEMEKLERDEN NE ALIRSINIZ?

> İstek Kipi　愿望式
> Dilek-Şart Kipi　祈愿—条件式

Mesut: Merhaba Hakan, nereye gidiyorsun?

Hakan: Merhaba Mesut. Hemen şuradaki lokantaya gidiyorum. Akşam yemeğini Levent ve Turgayla birlikte yiyeceğim.

Mesut: Çok iyi ben de ara sıra orada yerim. Çamlıca Lokantasında çok güzel yemekler var.

Hakan: Evet, ben de duymuştum. Meşhur bir yer. İstersen beraber gidelim. Birlikte yemek yeriz.

梅苏特：你好，哈坎。你要去哪里？

哈　坎：你好，梅苏特。我正要去那边的餐厅。我要和列文特、图尔加一起吃晚饭。

梅苏特：真好，我有时候也在那里吃。察姆勒扎餐厅的菜很好吃。

哈　坎：是的，我也听说过。这是个很有名的地方。要不你也跟我们一起吃饭吧。

Mesut: Teşekkür ederim. Ben gel-    梅苏特：谢谢。我不去了。
meyeyim. Beni de bir arkadaşım    我的一个朋友约我
davet etti. Birlikte sahilde kebap    一起去沙滩吃烤肉。
yemeye gideceğiz.

Hakan: Çok güzel. Ben de kebabı çok    哈 坎：真好。我也很喜欢
severim. Başka bir zaman diğer    烤肉。下次咱们也
arkadaşları da alalım, kebap    叫上其他朋友一起
yemeye gidelim.    吃烤肉去。

Mesut: Tamam, olur. Şimdilik hoşça    梅苏特：好的。那就再见啦。
kal. Arkadaşlarını bekletme.    别让你的朋友们等你。

Hakan: Peki, görüşürüz.    哈 坎：好，回见。

## 愿望式(-a,-e)    İSTEK KİPİ (-A)

**Tanım** Fiile istek, niyet, arzu kavramlarını veren kipe istek kipi denir. Bir işin, hareketin yapılmasının istendiğini bildiren kiptir. Zaman kavramı açık değildir. Ama işin sonra yapılacağı bellidir.

**定义** 愿望式是表达愿望、意图和渴望等含义的动词形式。其时间概念并不明确，但明确的是动作尚未发生，而是将要发生。

**Yapılışı** Fiil kökü + İstek kipi eki (-A) + Şahıs eki ( Birinci çoğul şahıs istek eki "-Alım, -elim" şeklindedir.)

**构成** 动词词干 + 愿望式后缀（-a / -e）+ 人称后缀（第一人称复数之后接 -alım / -elim。）

| gelmek: gel | e | - | y | - | im | ⇒ geleyim |
|---|---|---|---|---|---|---|
| ↓ | ↓ | | ↓ | | ↓ | |
| Fiil kökü | İstek kipi | | Kaynaştırma harfi | | Şahıs eki | |

## 第十二课　您想点些什么菜?
### KONU 12　YEMEKLERDEN NE ALIRSINIZ?

**Not** 提示

1. Fiilin son ünlü harfi "-a, -ı, -o, -u" olursa "-a" eki gelir; fiilin son ünlü harfi "-e, -i, -ö, -ü" olursa "-e" eki gelir.　-A 词缀中元音的变化应与词干末尾元音保持元音和谐：-a/ı/o/u → -a，-e/i/ö/ü → -e。如：bakayım, göreyim。

2. Son harfi ünlü ile biten fiillere "a, -e" eki eklendiğinde, fiil ile istek kipi arasına "y" bağlayıcı ünsüzü girer.　以元音字母结尾的动词接词缀-A时，动词与愿望式后缀之间要插入连接辅助音-y-。如：yıkayalım, bekleyelim。

3. İstek kipinin 1. tekil şahıs çekiminde, istek kipiyle şahıs eki arasına her zaman "y" bağlayıcı ünsüzü gelir.　第一人称单数的愿望式与人称后缀之间要加连接字母-y-。如：

| | |
|---|---|
| göreyim | sorayım |
| bakayım | açayım |
| almayasın | gitmeyesin |

4. İstek kipinin 2. ve 3. tekil, 2. ve 3. çoğul şahısları çok kullanılmaz. Bunun yerine daha çok emir kipi kullanılır.　愿望式一般不出现在第二、第三人称中。第二、第三人称常用命令式表达相应的语义。如：

| | |
|---|---|
| Dışarı çıkalar.→ Dışarı çıksınlar. | 让他们出去。 |
| Ali buraya gele. → Ali buraya gelsin. | 让阿里来这里。 |
| Yarına kadar hepsini okuyalım. | 我们明天之前一起都读完吧。 |
| Arkadaşlar konuşmayalım. (Konuşmayın.) | 大家不要讲话。 |
| Yere çöp atmayalım. (Atmayın.) | 不要往地上扔垃圾。 |

Lütfen sessiz olalım! (Sessiz olun.)　　请保持安静！
Kitaplarımızı açalım. (Kitapları açın.)　翻开书。

5. İstek kipi teklif (öneri) cümleleri yapar.　愿望式构成祈使句（表建议）。如：

Seninle parkta biraz dolaşalım mı?　咱们一起去公园走走吧？
(Parkta dolaşma teklifi var.)　　　（提议去公园）
Sana yeni bir araba alalım mı?　我们给你买辆新车吧？
Dersi bitirelim mi?　我们把课讲完吧？

Ali: Alo, Ayşe ne yapıyorsun? İşin var mı?　阿　里：喂，阿伊莎你在干什么？有事吗？
Ayşe: Hayır, işim yok. Bugün canım çok sıkılıyor.　阿伊莎：没有，没事。我今天心中很烦。
Ali: Hayvanat Bahçesi'ne gidelim mi?　阿　里：我们去动物园吧？
Ayşe: Evet, gidelim. Çok iyi olur.　阿伊莎：好,咱们去吧,太好了。
Ali: Nerede buluşalım?　阿　里：哪里见？
Ayşe: Otobüs durağında buluşalım.　阿伊莎：咱们在公交车站见吧。
Ali : Görüşürüz.　阿　里：回见。
Ayşe : Tamam.　阿伊莎：好的。

## FİİL ÇEKİMİ　动词变位
1. İstek Kipi (Olumlu)　愿望式（肯定式）

| | fiil + İstek kipi eki + şahıs eki | | |
|---|---|---|---|
| | bulmak | aramak | durmak |
| ben | bulayım | arayayım | durayım |
| sen | bulasın | arayasın | durasın |

## 第十二课　您想点些什么菜？
### KONU 12　YEMEKLERDEN NE ALIRSINIZ?

（续表）

| fiil + İstek kipi eki + şahıs eki |||  |
|---|---|---|---|
| o | bula | araya | dura |
| biz | bulalım | arayalım | duralım |
| siz | bulasınız | arayasınız | durasınız |
| onlar | bulalar | arayalar | duralar |

**Örnekler**　示例

Ben bu kitabı okuyayım.　　　　　我来读一读这本书。
Bu soruyu öğretmenimize soralım.　我们问问老师这个问题吧。
Çok yorulduk, biraz dinlenelim.　　太累了，咱们休息一小会儿吧。
Bu yaz Antalya'ya gidelim.　　　　这个夏天我们去安塔利亚吧。
Fırından ekmek alayım, sonra eve　我要从烘焙店买面包，然后
gideyim.　　　　　　　　　　　　回家。
Pencereleri kapatalım.　　　　　　咱们关上窗子吧。

2. İstek Kipi (Olumsuz)　愿望式（否定式）

| fiil + olumsuzluk eki + İstek kipi eki + şahıs eki ||||
|---|---|---|---|
|  | bulmak | aramak | durmak |
| ben | bulmayayım | aramayayım | durmayayım |
| sen | bulmayasın | aramayasın | durmayasın |
| o | bulmaya | aramaya | durmaya |
| biz | bulmayalım | aramayalım | durmayalım |
| siz | bulmayasınız | aramayasınız | durmayasınız |
| onlar | bulmayalar | aramayalar | durmayalar |

**Örnekler**　示例

Derse geç kalmayalım.　　　　　　我们别上课迟到。

Bugün televizyon seyretmeyeyim. 我今天不要看电视。
Kapıyı açmayalım, pencereyi açalım. 别开门，咱们开窗户。
Arkadaşlar, koridorda bağırmayalım! 大家不要在走廊里喧哗！
Yerlere tükürmeyelim! 不要随地吐痰！
Akşama kadar orada beklemeyesin. 你别在那儿一直等到晚上。

3. İstek Kipi (Soru) 愿望式（疑问式）

| | fiil + olumlusuzluk eki + İstek kipi eki + şahıs eki + soru eki | | |
|---|---|---|---|
| | bulmak | aramak | durmak |
| ben | bulmayayım mı? | aramayayım mı? | durmayayım mı? |
| sen | - | - | - |
| o | - | - | - |
| biz | bulmayalım mı? | aramayalım mı? | durmayalım mı? |
| siz | - | - | - |
| onlar | - | - | - |

**Örnekler** 示例

Öğle yemeğini lokantada yiyelim mi? 咱们午饭下馆子吧？
Ahmet'e mektup yazmayayım mı? 我不要给艾哈迈德写信吗？
Şiiri okuyayım mı? 我要读诗吗？
Bu konuyu tekrar anlatayım mı? 我要再解释一遍这件事吗？

Çok kullanılan bazı istek kipi cümleleri şunlardır: 一些常用的愿望式习惯表达："咱这就……"

- Haydi gidelim.     - Haydi yazalım.     - Haydi çalışalım.

- Haydi inelim.     - Haydi alalım.     - Haydi oynayalım.

- Haydi başlayalım.     - Haydi açalım.     - Haydi yiyelim.

- Haydi konuşalım.     - Haydi bitirelim.     - Haydi kapatalım.

### 第十二课 您想点些什么菜?
### KONU 12  YEMEKLERDEN NE ALIRSINIZ?

## 练习   ALIŞTIRMALAR

**1. Aşağıdaki karışık kelimelerden istek kipinde cümleler kurunuz.**
请用愿望式连词成句。

(1) eczaneden / alalım / ilâç

_____

(2) her sabah / koşalım / bir saat

_____

(3) tatilde / bitireyim / bu kitabı

_____

(4) gideyim / bugün / erken / eve

_____

(5) koruyalım / hayvanları

_____

**2. Aşağıdaki cümleleri uygun fiillerle tamamlayınız. (İstek kipi)** 请用愿望式的合适形式完成下列句子。

(1) Ali çok top oynuyor. Onu ders çalışmaya çağır_____(olumlu)
(2) Bu sandalye çok kirli. Buraya otur_____ (olumsuz)
(3) Lütfen sigara iç_____ (olumsuz)
(4) Çok televizyon seyret_____ (olumsuz)
(5) Okula geç kalacağım. Hızlı yürü_____(olumlu)
(6) Ali'ye borç ver_____ (olumlu)
(7) O bana telefon etmedi. Ben de ona telefon et_____(olumsuz)

3. **Aşağıdaki cümleleri uygun fiillerle tamamlayınız. (İstek kipi/ olumlu)** 请用肯定愿望式的合适形式完成下列句子。

(1) Çok yoruldum. Biraz otur_____

(2) Acıktık. Haydi yemek ye_____

(3) Bugün hava çok güzel. Pikniğe git_____

(4) Arkadaşlar, top oyna_____

(5) Film başladı. Ayşe'yi de çağır_____

(6) Ders başladı. Lütfen sus_____

(7) Yağmur yağıyor. Taksiye bin_____

(8) Hava soğuk. Paltomu giy_____

(9) Bugün Ali"nin doğum günü. Ona hediye al_____

4. **Aşağıdaki cümleleri olumsuz yapınız.** 请仿照示例，将下列句子变成否定式。

**Örnek:** Aksaray'a kadar yürüyelim.

   Aksaray'a kadar yürümeyelim.

(1) Tenefüste futbol oynayalım.

_____

(2) Hafta sonlarında bol bol uyuyalım.

_____

(3) Sabah kahvaltısında çorba içelim.

_____

(4) Yaz tatilinde Ankara"ya gidelim.

_____

(5) Bugün öğleden sonra alışveriş yapalım.

_____

第十二课　您想点些什么菜？
KONU 12　YEMEKLERDEN NE ALIRSINIZ?

**5. Aşağıdaki cümleleri soru hâline getiriniz.** 请仿照示例，将下列句子变成疑问式。

**Örnek:** Bu kitapları okuyayım.

　　　　Bu kitapları okuyayım mı?

(1) Süpermarketten sebze ve meyve alalım.

_____

(2) Bu soruları öğretmene soralım.

_____

(3) Kantinden çay getireyim.

_____

(4) Yağmur yağıyor şemsiyeyi alayım.

_____

(5) Otobüse binmeyeyim.

_____

**6. Aşağıdaki test sorularını cevaplayınız.** 单项选择。

(1) Aşağıdaki cümlelerden hangisinde istek anlamı yoktur?

　　A) Bu akşam aileme telefon açmalıyım.

　　B) Çocuklar için pazardan alışveriş yapmalıyım.

　　C) Bu soruları on dakikada cevaplarım.

　　D) Sınavdan önce bu konulara beraber çalışalım.

(2) Aşağıdaki cümlelerin hangisinde dilek-şart kipi istek anlamında kullanılmıştır?

　　A) Vazoya gül koysak masa daha güzel görünür.

　　B) Yemekten sonra balkonda çay içsek.

　　C) Biraz yağmur yağsa hava serinler.

　　D) Maçı kazansak şampiyon olacağız.

(3) Aşağıdaki seçeneklerden hangisinde fiillerin hepsi istek kipiyle çekimlenmiştir?

A) okuyalım - gelse - alasın

B) bakayım - göreler - oturmalıyım

C) seveyim - sorsun - yazsak

D) yürüyelim - vereyim - yaşayasınız

(4) Aşağıdaki cümlelerden hangisinde fiil istek kipindedir?

A) Mutluluk var bugün insanların yüzünde.

B) Duruyor yemyeşil kırlar önümüzde.

C) Gülelim, oynayalım şu tatil gününde.

D) Bu piknik de bitti, bak en sonunda.

(5) Aşağıdaki cümlelerden hangisinde teklif (öneri) vardır?

A) İşimi bitirince ninemi ziyaret edeyim.

B) Büyük babanı uyurken rahatsız etmemelisin.

C) Ayhan bizimle müzeye gelir mi?

D) Dersten sonra resim sergisini gezelim mi?

## 祈愿—条件式(-sa,-se)
## DİLEK-ŞART KİPİ (-sA)

**Tanım** Bir oluş ve kılışı "şart"a ve "dilek"e bağlayan kiptir. Şart kipini alan fiil yalnız başına bir anlam ifade etmez, temel cümledeki yargının gerçekleşmesini şarta bağlayan yardımcı bir öğedir.

**定义** 祈愿—条件式是用于表达与条件、祈愿相关的语态。但单独使用动词条件式没有意义，它是用于表示主句动作发生条件的辅助成分。

# 第十二课　您想点些什么菜?
KONU 12　YEMEKLERDEN NE ALIRSINIZ?

**Yapılışı** Fiil kökü + Dilek-şart kipi eki (-sa, -se) + Şahıs eki

**构成** 动词词干 + 祈愿—条件式词缀（-sa,-se）+人称后缀

| | | | | |
|---|---|---|---|---|
| çalışmak: çalış | - | sa | -m | ⇒ çalışsam |
| ↓ | | ↓ | ↓ | |
| Fiil kökü | | Dilek-şart kipi eki | Şahıs eki | |

**Not**　提示

Fiilin son ünlü harfi "a, ı, o, u" olursa "-sa" gelir; fiilin son ünlü harfi "e, i, ö, ü" olursa "-se" gelir.　-sA 词缀中元音的变化应与词干末尾元音保持元音和谐：-a/ı/o/u → -sa，-e/i/ö/ü → -e。

**Örnekler**　示例

| | |
|---|---|
| Zamanı olsa futbol oyanayacak. | 他如果有时间会踢足球。 |
| Seyahat etsen hangi ülkeye gidersin? | 如果去旅行你会去哪个国家？ |
| Nasrettin Hoca der ki: "Bir çocuk olsam kırk yıl büyümem." | 纳赛尔丁霍加如是说："如果我是个孩子，我不想长大。" |
| Bu işi şimdi bitirseniz çok iyi olur. | 如果你现在做完了这件事就太好了。 |
| Öğrenciler gelse beraber gideceğiz; ama öğrenciler gelmedi. | 如果学生来，我们就一起去；但学生们没来。 |
| Her gün dört saat ders çalışsam okul birincisi olurum. | 如果我每天学习4小时，我就会成为全校第一。 |
| Çok zengin olsan ne yaparsın? | 如果你非常富有，会做什么呢？ |

FİİL ÇEKİMİ  动词变位

1. Dilek-Şart Kipi (Olumlu)   祈愿—条件式（肯定式）

| fiil + -sa, -se + şahıs eki | | | |
|---|---|---|---|
| | okumak | temizlemek | görmek |
| ben | okusam | temizlesem | görsem |
| sen | okusan | temizlesen | görsen |
| o | okusa | temizlese | görse |
| biz | okusak | temizlesek | görsek |
| siz | okusanız | temizleseniz | görseniz |
| onlar | okusalar | temizleseler | görseler |

**Örnekler**  示例

Biraz daha çalışsam bu sınavdan yüz alabilirim.　如果我更努力一些，这场考试就能得100分了。

Babamdan izin alsam ben de gideceğim.　如果爸爸允许，我也会去。

İlaç içsen hastalığın geçer.　你吃药病就会好。

Borçlarımı ödesem bir daha borç almayacağım.　如果我还得起债就不用再次借债了。

Bir defa okusan unutmazsın.　你再读一遍就忘不了了。

2. Dilek-Şart Kipi (Olumsuz)   祈愿—条件式（否定式）

| fiil + olumsuzluk eki + -sa, -se + şahıs eki | | | |
|---|---|---|---|
| | okumak | temizlemek | görmek |
| ben | okumasam | temizlemesem | görmesem |
| sen | okumasan | temizlemesen | görmesen |
| o | okumasa | temizlemese | görmese |
| biz | okumasak | temizlemesek | görmesek |

## 第十二课　您想点些什么菜?
KONU 12　YEMEKLERDEN NE ALIRSINIZ?

（续表）

| | fiil + olumsuzluk eki + -sa, -se + şahıs eki | | |
|---|---|---|---|
| siz | okumasanız | temizlemeseniz | görmeseniz |
| onlar | okumasalar | temizlemeseler | görmeseler |

**Örnekler**　示例

| | |
|---|---|
| Ben yardım etmesem siz bu işi bitiremezdiniz. | 如果我不帮你们就做不完这件事。 |
| Siz gelseniz de gelmeseniz de biz gideceğiz. | 无论你去不去，我们都会去。 |
| Ben programa katılmasam problem olur mu? | 如果我不参加项目会有问题吗？ |
| Ödevimi yapmasam da bu konuyu anlayabilirim. | 我不写作业也能理解这个问题。 |
| Sınavı yarın yapmayalım, gelecek hafta yapalım. | 我们明天不考试了，下周考吧。 |

3. Dilek-Şart Kipi (Soru)　祈愿—求条件式（疑问式）

| | fiil + -sa, -se + şahıs eki + soru eki | | |
|---|---|---|---|
| | okumak | temizlemek | görmek |
| ben | okusam mı? | temizlesem mi? | görsem mi? |
| sen | okusan mı? | temizlesen mi? | görsen mi? |
| o | okusa mı? | temizlese mi? | görse mi? |
| biz | okusak mı? | temizlesek mi? | görsek mi? |
| siz | okusanız mı? | temizleseniz mi? | görseniz mi? |
| onlar | okusalar mı? | temizleseler mi? | görseler mi? |

**Örnekler**　示例

Eve gitsem mi gitmesem mi karar veremiyorum.　我决定不了要不要回家。
Bu kitabı okusam mı acaba?　如果我读了这本书呢?
Yemeği şimdi hazırlasak mı?　如果我们现在准备饭菜呢?

**Not**　提示

1. Dilek-Şart kipinin ikinci önemli görevi eklendiği kelimeye "dilek" anlamı vermesidir. Böyle cümlelerde "keşke" kelimesi de kullanılabilir.　祈愿条件式第二个特别的作用是表达可能含有虚拟成分的祈愿意。这样的句子也可以使用单词keşke（但愿）。如:

Akşam bize gelseniz birlikte yemek yeriz.　如果您晚上过来，我们就一起吃饭。
Bu akşam sinemaya gitmesek; çünkü çok işim var.　今天晚上我们就不去看电影了吧，因为我工作太多了。
Keşke tatil gelse de dedemin evine gitsem.　但愿放假吧，我就能去我爷爷家了。
Keşke stadyuma beraber gitsek.　希望我们一起去体育场。
Keşke daha çok spor yapabilsek.　希望我们能多做运动。
Keşke yabancı dil bilsem.　我希望自己会外语。

2. Şart kipi olan cümlelerde "eğer" ve "şayet" kelimeleri de kullanılabilir.　条件式的句子也可使用eğer（如果），şayet（只要）。如:

Eğer okula gitsem onu bulabilirim.　如果我去学校就能找到他。
Eğer yağmur yağmasa bütün bitkiler kurur.　如果不下雨所有植物都会干枯。

## 第十二课　您想点些什么菜?
### KONU 12　YEMEKLERDEN NE ALIRSINIZ?

Şayet derslerime düzenli çalışsam, 只要我按部就班学习，就能考
üniversiteyi kazanabilirim.　　　　取大学。

3. Dilek şart kipi ve şart kipini karıştırmamak lazım. Şart kipi zaman kip ekine "-sa,-se" eki eklenerek yapılır. Dilek şart kipinde ise zaman kip eki yoktur. 要区分祈愿条件式和条件式，条件式由时态词缀 + -sA 构成，祈愿—条件式没有时态词缀。

## 练习　ALIŞTIRMALAR

1. Aşağıdaki cümleleri uygun dilek-şart kipi ekleriyle tamamlayınız. 请用合适的祈愿—条件式来完成下列句子。

   (1) Bu kitabı oku_____çok şey öğrenirsiniz.
   (2) Güneş doğ_____hayat devam etmez.
   (3) Babam gel_____yemeğe başlayacağız.
   (4) Sana para ver_____ bana muz alır mısın?
   (5) Doktor ol_____ insanlara yardım eder misin?
   (6) Havalar ısın_____pikniğe gideceğiz.
   (7) Halime gel_____ kek yapmaya başlayacağız.
   (8) Öğretmen soruları kolay sor_____sınavdan yüz alabilirim.
   (9) Dünya dön_____ mevsimler olmaz.
   (10) Akşam ol_____da yatsam.
   (11) Aysun'un parası ol_____ o, seyahate gidecek.
   (12) Beni dinle_____, yardım edeceğim.
   (13) Mahallemizde park ol_____çocuklar daha mutlu olacak.
   (14) Tren zamanında gel_____hemen bineceğim.

**2. Aşağıdaki fiilleri örnekteki gibi çekimleyiniz. (Dilek-şart kipi)** 请按照例子写出单词（祈愿—条件式）。

(1) yazmak: <u>yazsam</u> (ben)

(2) okumak:_____ (o)

(3) dinlemek:_____ (siz)

(4) anlamak:_____ (ben)

(5) çözmek:_____ (biz)

(6) uyumak:_____ (siz)

(7) görmek:_____ (sen)

(8) bilmek:_____ (biz)

(9) çalışmak:_____ (onlar)

(10) bakmak:_____ (sen)

(11) anlatmak:_____ (o)

(12) yürümek:_____ (biz)

**3. Aşağıdaki fiilleri çekimleyiniz. (Dilek-Şart kipi)** 动词变位（祈愿—条件式）。

|  | aramak (olumlu) | gitmek (olumsuz) | sormak(soru) |
|---|---|---|---|
| ben |  |  |  |
| sen |  |  |  |
| o |  |  |  |
| biz |  |  |  |
| siz |  |  |  |
| onlar |  |  |  |

# 第十三课 明天天气怎么样？
# KONU 13　YARIN HAVA NASIL OLACAK?

Ek Fiilin Görülen Geçmiş Zamanı　谓语性词缀的确指过去时
Ek Fiilin Duyulan Geçmiş Zamanı　谓语性词缀的非确指过去时
Ek Fiilin Dilek-Şart Kipi　谓语性词缀的虚拟条件式

Tahir: Alo.　塔希尔：喂。
Kemal: Alo. Ben Kemal. Tahirle mi görüşüyorum acaba?　凯末尔：喂，我是凯末尔，我想你是塔希尔吧？
Tahir: Evet, Kemal. Ben Tahir. Uzun zamandır görüşemiyorduk. İnşallah iyisindir.　塔希尔：是的，凯末尔。我是塔希尔。好长时间没见了。希望你一切都好。
Kemal: Teşekkür ederim, iyiyim. Sen de iyisin inşallah. Nerdesin, neler yapıyorsun?　凯末尔：谢谢，我很好。希望你也都好。你在哪儿，做些什么呢？
Tahir: Erzurum'da öğretmenlik yapıyorum. Sen de İstanbul'daymışsın.　塔希尔：我在埃尔祖鲁姆当老师。听说你在伊斯坦布尔呢。

Kemal: Evet, İstanbul'daydım; ama şimdi İzmir'deyim. Erzurum yüksek bir yer. Hava soğuk mu orada?

凯末尔：是的，我之前在伊斯坦布尔。但是现在我在伊兹密尔。埃尔祖鲁姆地势很高，那里天气很冷吧？

Tahir: Hem de nasıl! Kar yağıyor sürekli. Yollar buz tutuyor. Buradaki arkadaşlar kayak merkezlerine gidiyorlar, bense dışarı çıkmıyorum. Peki İzmir'de hava nasıl?

塔希尔：可不是嘛！一直不停地下雪。道路经常结冰。这里的朋友们常去滑雪中心。而我呢，都不出门。伊兹密尔的天气怎么样？

Kemal: İzmir'de şu anda yağmur yağıyor. Kışın genelde ılık ve yağışlı geçiyor. Bu arada Ali ile Merve'den haberin var mı? Nasıllarmış?

凯末尔：伊兹密尔现在正下雨呢，这里冬天通常温和多雨。顺便问一下你有阿里和梅尔薇的消息吗，他们怎么样？

Tahir: Evet var, onlar da öğretmenlik yapıyor. Geçenlerde konuştuk. İyilermiş. Aklıma bir fikir geldi. Eğer sen de gelirsen birlikte kayak yapmaya gideriz.

塔希尔：嗯，有。他们现在也在当老师。前几天我们还通话了呢。他们很好。我有个想法，如果你也来的话我们就一起去滑雪。

Kemal: Çok iyi olur. Eski günlerimiz çok güzeldi. Tekrar bir araya gelirsek hasret gideririz.

凯末尔：那太好了，以前的时光真的很美好。如果我们聚在一起的话可以好好聊聊天。

Tahir: Tamam o zaman, en kısa zamanda görüşürüz.

塔希尔：那好吧，我们尽快见面吧。

Kemal: Tamam, görüşürüz. Hoşça kal.

凯末尔：好的，一言为定。再见！

# 第十三课 明天天气怎么样？
## KONU 13  YARIN HAVA NASIL OLACAK?

### 谓语性词缀的确指过去时
### EK- FİİLİN GÖRÜLEN GEÇMİŞ ZAMANI

**Tanım** İsim soylu kelimelere ek fiilin görülen geçmiş zaman eki "-idi" getirilerek yapılır. Geçmişte kalmış bir durumu, bir hâli bildirir.

**定义** 谓语性词缀的确指过去时是通过在名词性词语后加词缀-idi 实现，表示确定（自己做或亲眼看到）的停留于过去的情况。

**Yapılışı** İsim + Ek-fiilin görülen geçmiş zaman eki + Şahıs eki

**构成** 名词 + 谓语性确指过去时词缀 + 人称后缀

| Çocuk: çocuk | idi | - | m | ⇒ Çocuk idim |
|---|---|---|---|---|
| ↓ | ↓ | | ↓ | |
| İsim | Ek-fiilin görülen geçmiş zaman eki | | Şahıs eki | |

**Örnekler**  示例

Yakışıklı bir çocuk idi.        他是个帅气的年轻人。

**Not**  提示

1. 单独写的 idi 与名词性词语合写时写作后缀 -DI，其中元音的变化应与词干尾末元音保持元音和谐：-a/ı → -Dı, -e/i → -Di, -o/u → -Du, -ö/ü → -Dü。以元音字母结尾的名词接谓语性确指过去时词缀 -DI 时，名词与原谓语性词缀之间要插入连接辅助音-y-。如：

Dün çok hastaydım.            昨天我病得很厉害。
Geçen dersimiz Türkçeydi.     我们上节课是土耳其语。
Ben geçen hafta Fransa' daydım.   我上周在法国。

2. Kelimenin son harfi sert ünsüz (f, s, t, ç, ş, h, p) ise; "d", "t" ye

dönüşür. 以清辅音f, s, t, ç, ş, h, p结尾的单词后接谓语性词缀时，谓语性词缀的d同化为t。如：

| | |
|---|---|
| Ekmekler çok bayattı. | 面包很不新鲜。 |
| Çikolatalar çok sertti. | 巧克力很硬。 |
| Meyve suyu çok soğuktu. | 果汁很凉。 |
| Yumurtalar çok büyüktü. | 鸡蛋很大。 |

### FİİL ÇEKİMİ 动词变位

1. Ek Fiilin Görülen Geçmiş Zamanı (Olumlu) 谓语性词缀的确指过去时（肯定式）

| | İsim+ ek fiilin görülen geçmiş zaman eki + şahıs eki | | | |
|---|---|---|---|---|
| | öğretmen | | hasta | |
| ben | öğretmen idim | öğretmendim | hasta idim | hastaydım |
| sen | öğretmen idin | öğretmendin | hasta idin | hastaydın |
| o | öğretmen idi | öğretmendi | hasta idi | hastaydı |
| biz | öğretmen idik | öğretmendik | hasta idik | hastaydık |
| siz | öğretmen idiniz | öğretmendiniz | hasta idiniz | hastaydınız |
| onlar | öğretmen idiler | öğretmendiler | hasta idiler | hastaydılar |

**Örnekler** 示例

| | |
|---|---|
| Markette zeytin çok pahalıydı. | 市场上的橄榄非常贵。 |
| Pazarda tavuk eti çok ucuzdu. | 集市上的鸡肉很便宜。 |
| Kola çok soğuktu, meyve suyu ise sıcaktı. | 可乐很凉，果汁则是热的。 |
| Eskiden buralar çok güzeldi. | 过去这里非常美。 |
| Geçen hafta neredeydin? | 上周你在哪儿？ |
| Ben, tıp fakültesinde öğrenciydim. | 我曾是医学院的学生。 |
| Akşam hava yağmurluydu. | 晚上是雨天。 |

KONU 13　YARIN HAVA NASIL OLACAK?

2. Ek Fiilin Görülen Geçmiş Zamanı (Olumsuz)　谓语性词缀的确指过去时（否定式）

Ek fiilin olumsuzu "değil" kelimesiyle yapılır. 谓语性确指过去时词缀否定形式通过加değil表达。

| İsim+değil + ek fiilin görülen geçmiş zaman eki + şahıs eki | | |
|---|---|---|
| | öğretmen | hasta |
| ben | öğretmen değildim | hasta değildim |
| sen | öğretmen değildin | hasta değildin |
| o | öğretmen değildi | hasta değildi |
| biz | öğretmen değildik | hasta değildik |
| siz | öğretmen değildiniz | hasta değildiniz |
| onlar | öğretmen değillerdi | hasta değillerdi |

**Örnekler**　示例

| Ev, büyük değildi. | 房子不大。 |
| Dün ödevim çok değildi. | 昨天我作业不多。 |
| Ekmek taze değildi. | 面包不新鲜。 |
| Ben, eskiden taksi şoförü değildim, sporcuydum. | 我之前不是出租车司机，是运动员。 |
| Pazar günü hava güzel değildi. | 周日天气不好。 |

3. Ek Fiilin Görülen Geçmiş Zamanı (Soru)　谓语性词缀的确指过去时（疑问式）

| İsim+değil + ek fiilin görülen geçmiş zaman eki + şahıs eki | | |
|---|---|---|
| | öğretmen | hasta |
| ben | öğretmen miydim? | hasta mıydım? |
| sen | öğretmen miydin? | hasta mıydın? |

（续表）

| İsim+değil + ek fiilin görülen geçmiş zaman eki + şahıs eki |||
|---|---|---|
| o | öğretmen miydi? | hasta mıydı? |
| biz | öğretmen miydik? | hasta mıydık? |
| siz | öğretmen miydiniz? | hasta mıydınız? |
| onlar | öğretmen miydiler? | hasta mıydılar? |

**Örnekler** 示例

| | |
|---|---|
| Dün hasta mıydın, neden gelmedin? | 昨天你生病了吗，为什么没来？ |
| Aradığınız kitap bu muydu? | 你们找的是这本书吗？ |
| Dün hava güneşli miydi? | 昨天有太阳吗？ |
| Sen, dün okulda değil miydin? | 你昨天不在学校吗？ |
| Biz, dün bu saatlerde piknikte değil miydik? | 我们昨天这时候不是在野餐吗？ |

# 谓语性词缀的非确指过去时
# EK FİİLİN DUYULAN GEÇMİŞ ZAMANI (-imiş)

**Tanım** İsim soylu kelimelere ek fiilin duyulan geçmiş zaman eki "-imiş" getirilerek yapılır. Başkasından duyduğumuz bir durumu anlatır.

**定义** 谓语性词缀的非确指过去时通过名词性词语加 -imiş 词缀来实现，表示从其他人那里听说、了解的情况。

**Yapılışı** İsim + Ek-fiilin duyulan geçmiş zamanı eki (imiş) + Şahıs eki

**构成** 名词 + 谓语性非确指过去时词缀 + 人称后缀

## 第十三课 明天天气怎么样?
### KONU 13　YARIN HAVA NASIL OLACAK?

| doktor: doktor | imiş | - | siniz ⇒ doktor imişsiniz |
|---|---|---|---|
| ↓ | ↓ | | ↓ |
| İsim | Ek-fiilin duyulan geçmiş zaman eki | | Şahıs eki |

**Örnek Diyalog**　对话示例

Murat: Hakan, neredesin?　　穆拉德：哈坎，你在哪儿呢？

Hakan: Duraktayım. Otobüs bekliyorum.　　哈坎：我在车站，等公交车。

Murat: Neden babanla gelmiyorsun?　　穆拉德：你为什么没和你爸爸一起来？

Hakan: Babam hasta. Bu yüzden otobüsle gelmek zorundayım.　　哈坎：我爸爸病了，所以我得坐公交车来。

Murat: Sana iyi seyirler. Seni bekliyoruz.　　穆拉德：路上顺利。我们等你。

Hakan: Tamam, görüşmek üzere.　　哈坎：好的，一会儿见。

Ömer : Ne oldu? Hakan neredeymiş?　　欧麦尔：怎么了？哈坎在哪儿呢？

Murat: Duraktaymış.　　穆拉德：在车站。

Ömer : Durakta mı? Niçin babası getirmemiş?　　欧麦尔：车站吗？为什么他爸爸不送他？

Murat: Babası hastaymış.　　穆拉德：他爸爸病了。

**Not** 提示

单独写的 imiş 与名词性词语合写时写作后缀 -mIş，其中元音的变化应与词干末尾元音保持元音和谐：-a/ı → -mış, -e/i → -miş, -o/u → -muş, -ö/ü → -müş。以元音字母结尾的名词接谓语性非确指过去时词缀 -mIş 时，名词与谓语性词缀之间要插入连接辅助音 -y-。如：zengin imiş → zenginmiş, iyi imiş → iyiymiş。

### FİİL ÇEKİMİ　动词变位

1. Ek Fiilin Duyulan Geçmiş Zamanı (Olumlu)　谓语性词缀的非确指过去时（肯定式）

| | İsim+ek fiilin duyulan geçmiş zaman eki+şahıs eki | | |
|---|---|---|---|
| | hasta | haklı | tembel |
| ben | büyükmüşüm | haklıymışım | tembelmişim |
| sen | büyükmüşsün | haklıymışsın | tembelmişsin |
| o | büyükmüş | haklıymış | tembelmiş |
| biz | büyükmüşüz | haklıymışız | tembelmişiz |
| siz | büyükmüşsünüz | haklıymışsınız | tembelmişsiniz |
| onlar | büyüklermiş | haklılarmış | tembellermiş |

**Örnekler**　示例

Bebekken çok yaramazmışım.　　他们说我小时候特别淘气。（自己不记得）

Siz dün hastaymışsınız.　　我听说您昨天病了。

Ayşe, ilkokulda çok tembelmiş.　　据说阿伊莎小学时很懒。

Onlar geçen hafta Ankara'dalarmış.　　听说他们上周在安卡拉。

Onun babası, beş yıl önce çok zenginmiş.　　听说他爸爸五年前很富有。

Gece hava çok soğukmuş.　　夜里天气很凉。

Ahmet Bey, şişman bir adammış.　　艾哈迈德先生是个胖子。

Öğrencilik yıllarında çok çalışkan-mış.　　听说他在学生时代非常努力。

## KONU 13  YARIN HAVA NASIL OLACAK?

2. Ek Fiilin Duyulan Geçmiş Zamanı (Olumsuz)　谓语性词缀的非确指过去时（否定式）

Ek fiilin olumsuzu "değil" kelimesiyle yapılır.　谓语性非确指过去时词缀的否定形式通过加 değil 表达。

| | İsim+değil +ek fiilin duyulan geçmiş zaman eki+şahıs eki | | |
|---|---|---|---|
| | büyük | hasta | tembel |
| ben | büyük değilmişim | hasta değilmişim | tembel değilmişim |
| sen | büyük değilmişin | hasta değilmişin | tembel değilmişin |
| o | büyük değilmiş | hasta değilmiş | tembel değilmiş |
| biz | büyük değilmişiz | hasta değilmişiz | tembel değilmişiz |
| siz | büyük değilmişsiniz | hasta değilmişsiniz | tembel değilmişsiniz |
| onlar | büyük değillermiş | hasta değillermiş | tembel değillermiş |

**Örnekler**　示例

| | |
|---|---|
| Sınavda sorular zor değilmiş. | 据说考试题不难。 |
| Annem, dün evde değilmiş. | 我妈妈昨天不在家。 |
| Türkiye'de meyve ve sebzeler pahalı değilmiş. | 听说土耳其的蔬菜、水果不贵。 |
| Ali'nin babası öğretmen değilmiş, doktormuş. | 阿里的爸爸不是教师，是医生。 |
| Dün hasta değilmişsin. | 听说你昨天没生病。 |

3. Ek Fiilin Duyulan Geçmiş Zamanı (Soru)　谓语性词缀的非确指过去时（疑问式）

| | İsim+ soru eki +ek fiilin duyulan geçmiş zaman eki+şahıs eki | | |
|---|---|---|---|
| | büyük | hasta | tembel |
| ben | büyük müymüşüm? | hasta mıymışım? | tembel miymişim? |
| sen | büyük müymüşsün? | hasta mıymışsın? | tembel miymişsin? |

（续表）

| İsim+ soru eki +ek fiilin duyulan geçmiş zaman eki+şahıs eki | | | |
|---|---|---|---|
| o | büyük müymüş? | hasta mıymış? | tembel miymiş? |
| biz | büyük müymüşüz? | hasta mıymışız? | tembel miymişiz? |
| siz | büyük müymüşsünüz? | hasta mıymışsınız? | tembel miymişsiniz? |
| onlar | büyük müymüşler? | hasta mıymışlar? | tembel miymişler? |

**Örnekler** 示例

Öğrenciler, futbol maçında mıymış?　学生们在足球赛上吗？
İzmir'de hava soğuk muymuş?　伊兹密尔的天气热吗？
Adil Bey, zengin bir insan mıymış?　阿迪尔先生是个有钱人吗？
Hayvanat bahçesinde fil var mıymış?　动物园有大象吗？

## 谓语性词缀的虚拟条件式
## EK FİİLİN DİLEK-ŞART KİPİ

**Tanım** İsim soylu kelimelere "-ise" getirilerek yapılır. Cümleye şart anlamı katar.

**定义** 名词性谓语词缀的条件式通过名词性词语加词缀 -ise来实现，表示条件。可以和前词合写为后缀 -sA。

**FİİL ÇEKİMİ** 动词变位

1. Ek Fiilin Dilek-Şart Kipi (Olumlu)　谓语性词缀的虚拟条件式（肯定式）

# 第十三课　明天天气怎么样？
## KONU 13　YARIN HAVA NASIL OLACAK?

| | İsim+ek fiil eki+şart kipi eki+şahıs eki | | |
|---|---|---|---|
| | zengin | fakir | hasta |
| ben | zenginsem | fakirsem | hastaysam |
| sen | zenginsen | fakirsen | hastaysan |
| o | zenginse | fakirse | hastaysa |
| biz | zenginsek | akirsek | hastaysak |
| siz | zenginseniz | fakirseniz | hastaysanız |
| onlar | zenginseler | fakirseler | hastaysalar |

**Örnekler**　示例

Bugün çok hastaysan okula gitme.　如果你今天病得厉害就别来学校了。
Annen evdeyse yemeğe git.　如果你妈妈在家就去吃饭吧。
Paran varsa bu bisikleti al.　如果他有钱就买下这辆自行车了。
Okul uzaksa otobüsle git.　如果学校远就乘公交车去。

2. Ek Fiilin Dilek-Şart Kipi (Olumsuz)　谓语性词缀的虚拟条件式（否定式）

Ek fiilin olumsuzu "değil" kelimesiyle yapılır. 谓语性词缀的虚拟条件式的否定形式通过加değil表达。

| | İsim+değil + şart kipi eki (-sa, -se) + şahıs eki | | |
|---|---|---|---|
| | zengin | fakir | hasta |
| ben | zengin değilsem | fakir değilsem | hasta değilsem |
| sen | zengin değilsen | fakir değilsen | hasta değilsen |
| o | zengin değilse | fakir değilse | hasta değilse |
| biz | zengin değilsek | fakir değilsek | hasta değilsek |
| siz | zengin değilseniz | fakir değilseniz | hasta değilseniz |
| onlar | zengin değilseler | fakir değilseler | hasta değilseler |

**Örnekler** 示例

Öğretmen, okulda değilse eve gidin. 如果老师不在学校你就回家。

Hava yağmurlu değilse pikniğe gidebilirsiniz. 如果不下雨你们就可以野餐。

İyi bir aşçı değilsen yemek yapamazsın. 如果你不是个好厨师就不能做菜肴。

## 练习 ALIŞTIRMALAR

1. **Aşağıdaki boşlukları yukarıdaki diyaloga göre doldurunuz.** 请根据下面的对话填空。

   A: Ali Bey, beş yıl önce neredeydiniz?

   B: Ankara'daydım.

   A: Doktor muydunuz?

   B: Hayır, doktor değildim. Tıp fakültesinde öğrenciydim

   A: Kaç yaşındaydınız?

   B: Yirmi beş yaşındaydım.

   A: Evli miydiniz?

   B: Hayır, evli değildim. Bekârdım.

   A: Eviniz ve arabanız var mıydı?

   B: Hayır, evim ve arabam yoktu.

   (1) İstanbul'dayım.　　　　　Ankara_____

   (2) Doktorum.　　　　　　　Öğrenci_____

   (3) 30 yaşındayım.　　　　　25 yaşında_____

   (4) Evliyim.　　　　　　　　Bekar_____

   (5) Bir çocuğum var.　　　　Çocuğum yok_____

   (6) Evim var.　　　　　　　Evim yok_____

   (7) Arabam var.　　　　　　Arabam yok_____

第十三课 明天天气怎么样?
KONU 13　YARIN HAVA NASIL OLACAK?

**2. Aşağıdaki cümleleri örnekteki gibi yeniden yazınız.**　请仿照示例重写句子。

**Örnek:** Ali'nin babası çok zengindi.
　　　　Ali'nin babası çok zenginmiş.

(1) Ahmet'in çok güzel bir arabası vardı.
___

(2) Bizim okulumuz çok büyüktü.
___

(3) Ağabeyim eskiden çok yakışıklıydı.
___

(4) Mustafa'nın amcası çok yaşlıydı.
___

(5) Kardeşim lisede çok tembeldi.
___


**3. Aşağıdaki cümleleri örnekteki gibi olumsuz yapınız.**　请仿照示例写出句子的否定形式。

**Örnek:** Ben yaramazmışım.
　　　　Ben yaramaz değilmişim.

(1) Çocuk, hastaydı.
___

(2) Öğretmen, sınıftaydı.
___

(3) Burası küçük bir şehirmiş.
___

(4) Öğrenciler, spor salonundaymış.
___

(5) Ayakkabı çok pahalıymış.

_____

4. **Aşağıdaki sorulara örnekteki gibi "evet" ve "hayır" ile cevap veriniz.** 请仿照示例用 **evet** 和 **hayır** 回答问题。

   **Örnek:** Annen doktor muydu?

      Evet, annem doktordu.

      Hayır, annem doktor değildi.

   (1) Ahmet, hasta mıydı?

     Evet, _____

     Hayır, _____

   (2) Hava, sıcak mıymış?

     Evet, _____

     Hayır, _____

   (3) Ali Bey, öğretmen miymiş?

     Evet, _____

     Hayır, _____

   (4) Oturma odası ikinci katta mıydı?

     Evet, _____

     Hayır, _____

5. **Aşağıdaki diyaloğu tamamlayınız. (Ek fiilin görülen geçmiş zamanı)** 请用名词性谓语的确指过去时完成下列对话。

   Polis   : İsmail Bey dün nerede(1)_____?

   İsmail : Evde(2)_____

   Polis   : Hayır, evde değil(3)_____ Otelde(4)_____

   İsmail : Hayır, otelde değil(5)_____ evde(6)_____ Karımla

       beraber(7)_____

## 第十三课　明天天气怎么样?
KONU 13  YARIN HAVA NASIL OLACAK?

Polis　: İyi. O şimdi nerede?

İsmail : Bilmiyorum.

Polis　: Pekala. 5 Nisanda nerede(8)_____?

İsmail : Hatırlayamadım.

Polis　: İstanbul'da(9)_____

İsmail : Hayır, İstanbul'da değil(10)_____

Polis　: Evet, İstanbul'da(11)_____

İsmail : Hmmm. Şimdi hatırladım.Ben 5 Nisanda hapiste(12)_____

Polis　: !!!

**6. Aşağıdaki test sorularını cevaplayınız.　单项选择。**

(1) Aşağıdaki cümlelerden hangisinde ek fiil vardır?

　　A) Ayhan sınıf kapısını kapattı.

　　B) Bir saat önce kantin kapalıydı.

　　C) Sabahtan akşama kadar çalıştı.

　　D) Bu mektubu bana arkadaşım yazdı.

(2) Aşağıdaki cümlelerden hangisinde ek fiil yokdur?

　　A) Bakkalda ekmek yokmuş.

　　B) Aysel'in kardeşi çok hastaydı.

　　C) En çok sevdiğim sanatçı Tarkan'dır.

　　D) Halil Usta kapıyı dün boyamış.

(3) Aşağıdaki cümlelerden hangisinde ek fiilin şart eki vardır?

　　A) Bu pasta çok tatlı.

　　B) Radyo bozuksa değiştirelim.

　　C) Çok kalın bir kitaptı.

　　D) Ödevlerini daha düzenli yap.

(4) Aşağıdaki cümlelerden hangisinde ek fiilin geniş zaman eki vardır?

A) Düğün salonu misafirlerle doluydu.

B) O gün hava çok güzeldi.

C) Bugün hepimiz çok sevinçliyiz.

D) Aslı'nın kocası şişman ve zekiymiş.

(5) Ferit Bey çok zengindi. Mobilya fabrikası vardı. 2 yıl önce hasta oldu. Hastalığı kansermiş. Sağlığına kavuşmak için bütün servetini harcadı.

Yukarıdaki paragrafta kaç tane ek fiil kullanılmıştır?

A) 1　　　　　B) 2　　　　　C) 3　　　　　D) 4

7. **Aşağıdakileri eşleştiriniz.**　请连线。

A. Meyve suyu yoksa　　　　a. burada başarılı olur.

B. Ayakkabıların eskiyse　　　b. pencereyi açabilirsin.

C. Çocuğunuz çalışkansa　　　c. soğuk bir kola alayım.

D. İçerisi çok sıcaksa　　　　d. yeme.

E. Uzak değilse　　　　　　e. yarın yenilerini alalım.

F. Ekmek bayatsa　　　　　f. çabuk gideriz.

# 第十四课 您穿多大号的衬衫？
# KONU 14　KAÇ BEDEN GÖMLEK GİYİYORSUNUZ?

> Duyulan Geçmiş Zaman　非确指过去时

Aydın, yatağından heyecanla fırlamış. Önce elini ve yüzünü yıkamış. Daha sonra ailesiyle birlikte güzel bir kahvaltı yapmış.

Giyinmek için elbise dolabını açmış. Siyah bir pantolon ve açık mavi gömleğini almış. Elbiselerini giydikten sonra lacivert çizgili kravatını da takmış. O gün babası ona, en sevdiği takım elbiseyle birlikte güzel bir ayakkabı almak için söz vermiş. O, bu yüzden çok heyecanlıymış.

Mağazada, en sevdiği takım elbiseler varmış. Beğendiği lacivert takımı, babasına göstermiş. Onu almak istediğini söylemiş. Babası da lacivert takım elbiseyi beğenmiş. Daha sonra

艾登兴奋地从床上一跃而起，先洗手洗脸，然后和家人一起吃了一顿丰盛的早餐。

他打开衣柜找衣服穿，拿出一条黑裤子和一件浅蓝色的衬衫，穿好衣服后又系了一条深蓝色条纹领带。那天爸爸答应给他买一套他最喜欢的西装和一双漂亮的鞋，所以他非常兴奋。

商店有他最喜欢的西装。他指给爸爸看他喜欢的那件深蓝色西装，说想买它。爸爸也很喜欢那套深蓝色西装。之后他又在售鞋区选了一双40号的黑鞋。爸爸

ayakkabı reyonundan 40 numara siyah bir ayakkabı seçmiş. Babası, takım elbise ve ayakkabının ücretini kredi kartından ödemiş. İkisi toplam 350 lira tutmuş. Aydın, çok sevdiği takım elbiseyi aldığı için sevinmiş. Onun için babasına çok teşekkür etmiş.

用信用卡支付了西装和鞋的费用，一共花了350里拉。艾登买了心爱的衣服非常高兴，因此很感谢爸爸。

## 非确指过去时
## DUYULAN GEÇMİŞ ZAMAN-mIş

**Tanım** Duyulan geçmiş zamanda iş, oluş, hareket, konuşan tarafından görülmemiş, sonradan duyulmuş veya öğrenilmiştir.

**定义** 在非确指过去时中，说话者并没有亲眼看到过去的事情、状态、动作，而表达在动作发生之后听说或了解到的情况。

**Yapılışı** Fiil kökü + Duyulan geçmiş zaman eki + Şahıs eki (-mIş) + Şahıs eki

**构成** 动词词干+非确指过去时词缀（-mış, -miş, -muş, -müş）+人称后缀

```
gelmek: gel    -    miş    -    siniz   ⇒ gelmişsiniz
         ↓              ↓              ↓
      Fiil kökü  Duyulan geçmiş zaman eki  Şahıs eki
```

**Örnekler** 示例

sevmek → sevmiş                çıkarmak → çıkarmışsınız
temizlemek → temizlemişsin     kurmak → kurmuşlar
satmak → satmışım              anlatmak → anlatmışız

# 第十四课 您穿多大号的衬衫？
## KONU 14　KAÇ BEDEN GÖMLEK GİYİYORSUNUZ?

**Not　提示**

-mIş 词缀中元音的变化应与词干末尾元音保持元音和谐：-a/ı → -mış, -e/i → -miş, -o/u → -muş, -ö/ü → -müş。如：yazmış, çalışmış, gelmiş, gitmiş, okumuş, sormuş, gülmüş, görmüş。

**Örnek Diyalog　对话示例**

| | |
|---|---|
| Sevgi : Kimle konuştun? | 塞夫吉：你在和谁说话？ |
| Yasemin : Ayşe'yle konuştum. | 亚塞明：我在和阿伊莎说话。 |
| Sevgi : Neredeymiş? | 塞夫吉：她在哪儿？ |
| Yasemin : Sinemaya gitmiş. | 亚塞明：她正去看电影。 |
| Öğretmen : Zeynep, dün ne yaptın? | 老师：泽乃普，昨天你做什么了？ |
| Zeynep : Dün hayvanat bahçesine gittim. Ders çalıştım. Kitap okudum. Televizyon seyrettim. | 泽乃普：昨天我去了动物园，做功课，读书，看电视。 |
| Öğretmen : Yusuf, Zeynep dün ne yapmış? | 老师：优素福，泽乃普昨天做什么了？ |
| Yusuf : O, dün hayvanat bahçesine gitmiş. Ders çalışmış. Kitap okumuş ve televizyon seyretmiş. | 优素福：她昨天去了动物园，做功课，读书，看电视。 |

**Kullanımı　用法**

1. -dır (-dir, -dur, -dür) ekleriyle kullanıldığında cümleye "tahmin" veya "kesinlik" anlamı katar.　使用-dIr 词缀可以给句子添加猜测或者肯定的语义。如：

Eve gitmiştir. (tahmin) 他回家了。（猜测）
Belki okulu bitirmiştir. (tahmin) 可能放学了。（猜测）
Ders bitmiştir, gidebilirsiniz. (kesinlik) 下课了，你们可以走了。
（肯定）

2. Duyulan geçmiş zaman, sonradan farkına varılan olaylarda da kullanılır. 非确指过去时也可以用于表达事后的感受、体会，以及后知后觉的意思。如：

Eyvah, saçlarım ağarmış. 哎呀，我的头发白了。
Aaa! Kar yağmış. 啊！下雪了。
Tüh, yanıma para almamışım. 可恶，我没得到钱。
Bu kazak sana çok yakışmış. 这件毛衣很适合你。

## FİİL ÇEKİMİ 动词变位

1. Duyulan Geçmiş Zaman (Olumlu) 非确指过去时（肯定式）

| | fiil + duyulan geçmiş zaman eki + şahıs eki | | | |
|---|---|---|---|---|
| | sevmek | korkmak | atmak | üzülmek |
| ben | sevmişim | korkmuşum | atmışım | üzülmüşüm |
| sen | sevmişsin | korkmuşsun | atmışsın | üzülmüşsün |
| o | sevmiş | korkmuş | atmış | üzülmüş |
| biz | sevmişiz | korkmuşuz | atmışız | üzülmüşüz |
| siz | sevmişsiniz | korkmuşsunuz | atmışsınız | üzülmüşsünüz |
| onlar | sevmişler | korkmuşlar | atmışlar | üzülmüşler |

### Örnekler 示例

Kardeşim, köpekten çok korkmuş. 我弟弟特别怕狗。
Bebek, iki saat ağlamış. 婴儿哭了两个小时。
Turistler, şehri çok beğenmiş. 游客特别喜欢这座城市。

## 第十四课　您穿多大号的衬衫？
### KONU 14　KAÇ BEDEN GÖMLEK GİYİYORSUNUZ?

| | |
|---|---|
| Babam, maaşını almış. | 我爸爸领了薪水。 |
| Geçen hafta sınav yapmışsınız. | 听说你们上周考试了。 |
| On yıl önce çok hastalanmışım. | 10年前我病得很厉害。 |
| | （自己不记得） |

### 2. Duyulan Geçmiş Zaman (Olumsuz)　非确指过去时（否定式）

| fiil + olumsuzluk eki + duyulan geçmiş zaman eki + şahıs eki | | | | |
|---|---|---|---|---|
| | sevmek | korkmak | atmak | üzülmek |
| ben | sevmemişim | korkmamışım | atmamışım | üzülmemişim |
| sen | sevmemişsin | korkmamışsın | atmamışsın | üzülmemişsin |
| o | sevmemiş | korkmamış | atmamış | üzülmemiş |
| biz | sevmemişiz | korkmamışız | atmamışız | üzülmemişiz |
| siz | sevmemişsiniz | korkmamışsınız | atmamışsınız | üzülmemişsiniz |
| onlar | sevmemişler | korkmamışlar | atmamışlar | üzülmemişler |

### Örnekler　示例

| | |
|---|---|
| Öğrenciler, öğretmeni görmemişler. | 学生们没看到老师。 |
| Ahmet, beni beklememiş. | 他们说艾哈迈德没等我。 |
| Güneş, henüz doğmamış. | 太阳还没有出来。 |
| Sabah, saat dokuza kadar uyumuşum. | 我一直睡到早上九点。 |
| | （自己没有意识） |
| Sabah okula gitmemişsin. | 早上你没去上学。 |

### 3. Duyulan Geçmiş Zaman (Soru)　非确指过去时（疑问式）

| fiil + duyulan geçmiş zaman eki + soru eki + şahıs eki | | | | |
|---|---|---|---|---|
| | sevmek | korkmak | atmak | üzülmek |
| ben | sevmiş miyim? | korkmuş muyum? | atmış mıyım? | üzülmüş müyüm? |

| | fiil + duyulan geçmiş zaman eki + soru eki + şahıs eki | | | |
|---|---|---|---|---|
| sen | sevmiş misin? | korkmuş musun? | atmış mısın? | üzülmüş müsün? |
| o | sevmiş mi? | korkmuş mu? | atmış mı? | üzülmüş mü? |
| biz | sevmiş miyiz? | korkmuş muyuz? | atmış mıyız? | üzülmüş müyüz? |
| siz | sevmiş misiniz? | korkmuş musunuz? | atmış mısınız? | üzülmüş müsünüz? |
| onlar | sevmişler mi? | korkmuşlar mı? | atmışlar mı? | üzülmüşler mi? |

**Örnekler** 示例

| | |
|---|---|
| Misafirler, yemekleri beğenmişler mi? | 客人们喜欢饭菜吗？ |
| Maç, başlamış mı? | 比赛开始了吗？ |
| Öğrenciler, sınıfa girmemişler mi? | 学生们进教室了吗？ |
| Ben Cemâl'i dövmüş müyüm? | 我打杰马尔了吗？ |
| | （自己不记得） |
| Arkadaşlarınız konuyu anlamışlar mı? | 大家明白这个问题了吗？ |
| Kardeşin ödevini bitirmiş mi? | 你兄弟写完作业了吗？ |
| Pazara çilek gelmiş mi? | 草莓上市了吗？ |

## 练习　ALIŞTIRMALAR

**1. Aşağıdaki hikâyede duyulan geçmiş zamanlı fiillerin altını çiziniz.**
请在下面文章中的非确指过去时态的动词下面划线。

### BİR RÜYA

Bir varmış, bir yokmuş. Eski zamanlarda bir padişah varmış. Bu padişahın büyük bir sarayı varmış. Sarayda çok akıllı bir çocuk varmış. Bu çocuk bir gün rüyasında padişahı görmüş. Padişah halkına ekmek dağıtıyormuş. Çocuk bu rüyasını padişaha anlatmış. Padişah bu rüyayı yorumlatmış. Yorumcu padişaha, halk seni çok seviyor, demiş. Padişah

## KONU 14  KAÇ BEDEN GÖMLEK GİYİYORSUNUZ?

rüyayı gören çocuğu çok sevmiş ve ona hediyeler vermiş.

**2. Aşağıdaki karışık kelimelerden duyulan geçmiş zamanlı cümleler kurunuz.** 请用非确指过去时连词成句。

(1) dağcılar / kalmak / dağda

_____

(2) arkadaşım / hastaneden / olmak / taburcu

_____

(3) gelmemek / Ayşe / okula / bugün

_____

(4) içmek / çocuk / sütünü

_____

(5) öğrenciler / gelmek / sınıfa

_____

**3. Aşağıdaki cümleleri örnekteki gibi olumsuz yapınız. (Duyulan geçmiş zaman)** 请仿照示例写出下列非确指过去时句子的否定式。

**Örnek:** Çocuk, kediden korkmuş.

Çocuk, kediden korkmamış.

(1) Öğrenciler konuyu anlamış.

_____

(2) Ayşe Hanım, akşam yemeğini hazırlamış.

_____

(3) Kalemin boyası bitmiş.

_____

(4) Mehmet, otobüsü kaçırmış.

_____

(5) Basketbolcular, salona girmiş.

_____

4. **Aşağıdaki duyulan geçmiş zamanlı cümleleri örnekteki gibi soru hâline getiriniz.** 请仿照示例写出下列非确指过去时句子的疑问式。

   **Örnek:** Kadir, yüzmeyi öğrenmiş.
   
   　　　　　Kadir, yüzmeyi öğrenmiş mi?

   (1) Otobüs, saat 8:00'de gelmemiş.

   _____

   (2) Sinemaya çok insan gitmiş.

   _____

   (3) Öğrenciler, voleybol oynamaya gitmişler.

   _____

   (4) Levent, ödevlerini yapmış.

   _____

   (5) Leyla ile Kerem, evlenmiş.

   _____

5. **Aşağıdaki cümleleri örnekteki gibi uygun fiillerle tamamlayınız.** 请仿照示例用括号中提供单词的适当形式完成句子。

   **Örnek:** Ahmet'in kalemi <u>kaybolmuş</u>. (kaybolmak)

   (1) Evimizin önündeki erikler çiçek _____(açmak)

   (2) Çocuklar, denize_____(gitmek)

   (3) Ankara yakınlarında tehlikeli bir kaza _____(olmak)

   (4) Yemekler, sıcaktan_____ (bozulmak)

   (5) Hırsız 21 numaralı eve_____ (girmek)

## 第十四课 您穿多大号的衬衫？
**KONU 14 KAÇ BEDEN GÖMLEK GİYİYORSUNUZ?**

**6. Aşağıdaki fiilleri çekimleyiniz. (Duyulan geçmiş zaman)** 动词变位：非确指过去时。

|       | yürümek (olumlu) | beklemek(olumsuz) | okumak (soru) |
|-------|------------------|-------------------|---------------|
| ben   |                  |                   |               |
| sen   |                  |                   |               |
| o     |                  |                   |               |
| biz   |                  |                   |               |
| siz   |                  |                   |               |
| onlar |                  |                   |               |

# 第十五课　您感觉怎么样？
# KONU 15　KENDİNİZİ NASIL HİSSEDİYORSUNUZ?

**Gereklilik Kipi　必须式**

Vücudumuz, tıpkı kullandığımız araçlar gibidir. İyi kullanırsak arıza yapmaz. Biz de kendimizi hastalıktan korumak için temiz olmalıyız. Temizliği küçük yaşlarda öğrenmeliyiz. Çünkü bu, bizi hayat boyu korur. Çocuklara temizliği öğretmek ailelerin görevi olduğu için onları küçük yaşlarda eğitmeliler. Temizlik alışkanlıklarından en önemlisi diş temizliğidir. Çünkü diş hastalıklarından korunmak için, dişler sürekli temizlenmelidir. Çocuklar bunu alışkanlık hâline getirmeli. Araçları nasıl tamirden geçiriyorsak, kendimiz de ara sıra doktora gidip muayene olmalıyız.

我们的身体就像我们使用的工具。如果使用得好就不会出现故障。我们也需要注意卫生，以保护自己避免染病。应该从小学着养成讲卫生的习惯，因为这可以使我们保持一生健康。父母应该尽家长之责，从孩子小时候起就让他们养成讲卫生的习惯。其中最重要的卫生习惯是清洁牙齿。为了预防牙科疾病，需要经常清洁牙齿，孩子们必须养成这种习惯。就像工具需要经常保养一样，我们自己也需要定期去医院体检。

## 第十五课　您感觉怎么样？
### KONU 15　KENDİNİZİ NASIL HİSSEDİYORSUNUZ?

Temizlik, yalnızca beden temizliği değildir. Beden temizliğinin yanında ruh temizliği de çok önemlidir. Kötü düşüncelerden uzak durmalı, insanları aldatmamalı, kısacası ahlâklı olmalıyız. Çünkü bunlar insanın ruh temizliğinin şartlarındandır.

洁净不止关乎身体。在身体的洁净之外，灵魂的洁净也同样重要。要远离不良思想，不能欺骗别人；简而言之，要有良好的品德。因为这是人类保持灵魂洁净的条件。

## 必须式　GEREKLİLİK KİPİ

**Tanım** Bu kip, olması ve yapılması gereken şeyleri ifade eder. Belirli bir zamanı göstermez.

**定义** 这一语态表达某个动作或状态必须发生的含义，没有明确的时间概念。

**Yapılışı** Fiil + Gereklilik kipi eki (-m*Al*I) + Şahıs eki

**构成** 动词词干 + 必须式词缀（-malı/, -meli）+ 人称后缀

| gelmek: gel | - | meli | - | y | - | im => gelmeliyim |
|---|---|---|---|---|---|---|
| ↓ | | ↓ | | ↓ | | ↓ |
| Fiil kökü | | Gereklili kipi eki | | Kaynaştırma harfi | | Şahıs eki |

**Not**　提示

Fiilin son ünlüsü "a, ı, o, u" harfleri ise fiile "-malı" eklenir; Fiilin son ünlüsü "e, i, ö, ü" harfleri ise fiile "-meli" eklenir. -m*Al*I 词缀中元音的变化应与词干末尾元音保持元音和谐：-a/ı/o/u → -malı, -e/i/ö/ü → -meli。如：

yazmalıyım, çalışmalıyım, sormalıyım, okumalıyım, gelmeliyim, gitmeliyim, görmeliyim, sürmeliyim

## 初级土耳其语语法（上册）

**Örnekler** 示例

| | |
|---|---|
| Saat yedide evde olmalıyım. | 我七点必须到家。 |
| Yarın imtihan var, ders çalışmalısınız. | 明天有考试，你们必须做功课。 |
| Arkadaşlarınla konuşurken nazik olmalısın. | 与朋友交谈时要有礼貌。 |
| Yemekten önce ve sonra ellerimizi yıkamalıyız. | 饭前饭后一定要洗手。 |
| O, çok spor yapmalı. | 他必须要多运动。 |

Ali: Ayşe, yemekle ilgili bir söz vardı. Hatırladın mı?   阿　里：阿伊莎，有一句关于食物的俗语，你记得吗？

Ayşe: "Yemek için yaşamalı, yaşamak için yememeli."   阿伊莎："要为了吃饭而生活，不能为了生活而吃饭。"

Ali: Hayır, Ayşe öyle değildi.   阿　里：不对，阿伊莎，不是这么讲的。

Ayşe: Peki nasıldı?   阿伊莎：那怎么讲？

Ali: "Yemek için yaşamamalı, yaşamak için yemeli."   阿　里："不是为了吃饭而生活，是为了生活而吃饭。"

Veli Bey: Doktor bey, kaç kilo fazlam var?   韦利先生：医生，我超重多少公斤啊？

Doktor: Veli Bey, on kilo fazlanız var.   医　生：韦利先生，您超重10公斤。

Veli Bey: Peki, ne yapmalıyım?   韦利先生：那我该怎么办呢？

## 第十五课　您感觉怎么样？
KONU 15　KENDİNİZİ NASIL HİSSEDİYORSUNUZ?

Doktor: Az yemek yemelisiniz ve　医　生：您必须少吃多运动。
spor yapmalısız.

**Kullanımı**　用法

1. "-mAlI" bazen cümleye olasılık, ihtimal anlamı da katar. -mAlI 词缀有时也能够表达可能性较大的猜测。如：

Uçak İstanbul'a inmiş olmalı.　　飞机一定在伊斯坦布尔降落了。
Ahmet, beğendiği elbiseyi almış　艾哈迈德一定买了他喜欢的那件
olmalı.　　　　　　　　　　　　衣服。

2. 非谓语也可以表达必须的含义。如下：

(1) Gereklilik kipi "-mAlI" ekiyle yapıldığı gibi "gerek", "lâzım" ve "şart" kelimelerinden biriyle de yapılabilir. gerek, lâzım 和 şart 也可以如必须式后缀 -mAlI 一样表达必须的含义，其中 gerek 和 lâzım 表示"必要的"，şart 表示"基本的、起码的"。用法如下：

① Fiil kökü + -ma/me + iyelik ekleri gerek/lâzım/şart
　动词词干 + -ma/me + 领属性后缀　gerek/lâzım/şart。
人称变位如下表：

| ben | gelmem lâzım | gelmem gerek | gelmek şart |
| sen | gelmen lâzım | gelmen gerek | gelmek şart |
| o | gelmesi lâzım | gelmesi gerek | gelmek şart |
| biz | gelmemiz lâzım | gelmemiz gerek | gelmek şart |
| siz | gelmeniz lâzım | gelmeniz gerek | gelmek şart |
| onlar | gelmeleri lâzım | gelmeleri gerek | gelmek şart |

如：Ankaraya gitmem lazım/gerek. 我去安卡拉是有必要的。
　　Ankaraya gitmem şart.　　　　起码我得去安卡拉。

② Fiil kökü + -ma/me + iyelik ekleri gerek-iyor

动词词干 + -ma/me + 领属性后缀 gerekiyor。

如：Ankara'ya gitmem gerekiyor.　我有必要去安卡拉。

(2) Gereklilik kipi "-mAlI" ekiyle yapıldığı gibi "zorunda" ile de yapılabilir. 复合修饰语zor-un-da（在某种情形中）也可以表示必须的含义，意为"不得不"。

Fiil zorunda + ek-fiilin geniş zaman eki

动词 zorunda + 名词性谓语的宽广时词缀

如：Ankara'ya gitmek zorundayım.　我得去安卡拉。

3. Karşılaştırma　以上表达方式的比较：

(1) -mAlI带有更强烈的说话人的主观色彩，在说话人看来有必要，或是说话人意图将其想法施加给对方。gerek(-), lâzım, şart和zorunda则更强调外部因素。-mAlI结构和gerek(-), lâzım, şart, zorunda可分别与英语中的must和have to类比理解。

(2) şart 和 zorunda 比 gerek (-), lâzım表达的语气更强烈，是更不可违抗的义务或职责。

### FİİL ÇEKİMİ　动词变位

1. Gereklilik Kipi (Olumlu)　必须式（肯定式）

| | fiil + gereklilik kipi + şahıs eki | | |
|---|---|---|---|
| | vermek | koşmak | çalışmak |
| ben | vermeliyim | koşmalıyım | çalışmalıyım |
| sen | vermelisin | koşmalısın | çalışmalısın |
| o | vermeli | koşmalı | çalışmalı |
| biz | vermeliyiz | koşmalıyız | çalışmalıyız |
| siz | vermelisiniz | koşmalısınız | çalışmalısınız |
| onlar | vermeliler | koşmalılar | çalışmalılar |

第十五课　您感觉怎么样？

KONU 15　KENDİNİZİ NASIL HİSSEDİYORSUNUZ?

### Örnekler　示例

| | |
|---|---|
| Basketbol antrenmanına erken gelmelisin. | 你一定要早早来练习篮球。 |
| Bu yıl çok kitap okumalıyım. | 今年我一定要多读书。 |
| Büyüklerimize karşı saygılı olmalıyız. | 要尊敬比我们年长的人。 |
| Hakan erken yatmalı, erken kalkmalı. | 哈坎一定要早睡早起。 |
| Onlara söyle çok çalışmalılar. | 告诉他们一定要努力。 |

2. Gereklilik Kipi (Olumsuz)　必须式（否定式）

| | fiil + olumsuzluk eki + gereklilik kipi + şahıs eki | | |
|---|---|---|---|
| | vermek | koşmak | çalışmak |
| ben | vermemeliyim | koşmamalıyım | çalışmamalıyım |
| sen | vermemelisin | koşmamalısın | çalışmamalısın |
| o | vermemeli | koşmamalı | çalışmamalı |
| biz | vermemeliyiz | koşmamalıyız | çalışmamalıyız |
| siz | vermemelisiniz | koşmamalısınız | çalışmamalısınız |
| onlar | vermemeliler | koşmamalılar | çalışmamalılar |

### Örnekler　示例

| | |
|---|---|
| Unutmamalı o güzel günleri. | 良辰勿忘。（歌词） |
| Derste bağırarak konuşmamalıyız. | 课上不要大声讲话。 |
| Kütüphanede gürültü yapmamalısınız. | 不要在图书馆弄出太大声响。 |
| Okulumuzu kirletmemeliyiz. | 一定不要把我们的学校弄脏。 |
| Başarılı olmak için disiplinsiz olmamalı. | 为了脱颖而出一定不能不守纪律。 |

3. Gereklilik Kipi (Soru)　必须式（疑问式）

| | fiil + gereklilik kipi + soru eki + şahıs eki | | |
|---|---|---|---|
| | vermek | koşmak | çalışmak |
| ben | vermeli miyim? | koşmalı mıyım? | çalışmalı mıyım? |
| sen | vermeli misin? | koşmalı mısın? | çalışmalı mısın? |
| o | vermeli mi? | koşmalı mı? | çalışmalı mı? |
| biz | vermeli miyiz? | koşmalı mıyız? | çalışmalı mıyız? |
| siz | vermeli misiniz? | koşmalı mısınız? | çalışmalı mısınız? |
| onlar | vermeliler mi? | koşmalılar mı? | çalışmalılar mı? |

**Örnekler**　示例

Yemekten sonra dişlerimizi fırçalamalı mıyız?　我必须饭后刷牙吗？

O, saçlarını kestirmeli mi?　她必须剪头发吗？

## 练习　ALIŞTIRMALAR

1. Aşağıdaki karışık kelimelerle gereklilik kipinde cümleler kurunuz. 请用必须式连词成句。

(1) yardımcı / babamıza / olmalıyız / annemize / ve

_____

(2) yemekten / dişlerimizi / sonra / fırçalamalıyız

_____

(3) soğuk / kalın / havalarda / elbiseler/ giymelisin

_____

(4) otobüs durağında / tam / olmalılar/ onlar / saat sekizde

_____

# 第十五课 您感觉怎么样？
KONU 15 KENDİNİZİ NASIL HİSSEDİYORSUNUZ?

(5) bitirmeliyim / bu kitabı / hafta sonu

_____

2. Aşağıdaki cümleleri tamamlayınız. 请完成下列句子。

(1) Erken yat _____ (sen)

(2) Yemekten önce ellerimizi yıka _____

(3) Çok ders çalış _____ (ben)

(4) Dişlerimizi her gün fırçala _____

(5) Dışarı çıkmadan önce annemizden izin al _____

3. Aşağıdaki cümleleri tamamlayınız. (Gereklilik kipi/Olumsuz) 请用必须式的否定式完成下列句子。

(1) Sigara iç _____ (biz)

(2) Sınıfta çok konuş _____ (siz)

(3) Arkadaşlarınla kavga et _____

(4) Yalan söyle _____ (sen)

(5) Ödevleri bitirmeden televizyon seyret _____ (o)

4. Aşağıdaki soruları örnekteki gibi cevaplayınız. 请仿照示例回答下列问题。

**Örnek:** Arkadaşınız çok hızlı araba kullanıyor. (Ona ne söylemelisiniz?)

Arabayı hızlı kullanmamalısın.

(1) Öğretmen, ders anlatıyor. Tayfun konuşuyor. (Ona ne söylemelisiniz?)

_____

(2) İsmail çok hasta. Ama hastaneye gitmek istemiyor. (Ona ne söylemelisiniz?)

_____

(3) Ali okula gidecek. Fakat hala yatıyor. (Ona ne söylemelisiniz?)

_____

(4) Yarın sınav var. Ayşe ders çalışmıyor. (Ona ne söylemelisiniz?)

_____

(5) Hava çok soğuk. Ahmet dışarı çıkacak. (Ona ne söylemelisiniz?)

_____

5. **Aşağıdaki cümleleri örnekteki gibi soru hâline getiriniz.** 请仿照示例将下列句子变成疑问形式。

   **Örnek:** Kırmızı ışıkta durmalıyız.

   Kırmızı ışıkta durmalı mıyız?

   (1) Kardeşimi aramalıyım.

   _____

   (2) Hastalandığında doktora görünmelisin.

   _____

   (3) Sağlıklı olmak için sürekli spor yapmalıyız.

   _____

   (4) Yemekten sonra ellerini yıkamalısın.

   _____

   (5) Elimdeki kitabı bugün bitirmeliyim.

   _____

6. **Aşağıdaki cümleleri örnekteki gibi verilen fiillerle tamamlayınız.** 请仿照示例，根据括号中提供的动词和肯定或否定提示完成下列句子。

   **Örnek:** Bahçeye çöp <u>atmamalısınız</u>. (atmak)

   (1) Sınıfta gereksiz yere _____ (konuşmak/olumsuz)

   (2) Arkadaşına yalan _____ (söylemek/olumsuz)

## 第十五课　您感觉怎么样?
KONU 15　KENDİNİZİ NASIL HİSSEDİYORSUNUZ?

(3) Öğrenciler tatilde kitap _____ (okumak/olumlu)

(4) Ali, üniversite imtihanını _____ (kazanmak/olumlu)

(5) Pantolonumu _____ (ütülemek/olumlu)

7. Aşağıdaki soruları örnekteki gibi "evet" ve "hayır" ile cevaplayınız. 请仿照示例，用 evet 和 hayır 回答下列问题。

**Örnek:** Akşam ders çalışmalı mıyız?

　　　　Evet, çalışmalıyız.

　　　　Hayır, çalışmamalıyız.

(1) Onlar yarın buraya gelmeliler mi?

_____

_____

(2) Selma, çay hazırlamalı mı?

_____

_____

(3) Takım elbisemi giymeli miyim?

_____

_____

(4) Hafta sonu hayvanat bahçesine gitmeli miyiz?

_____

_____

(5) Öğrenciler imtihana hazırlanmalılar mı?

_____

_____

8. Aşağıdaki test sorularını cevaplayınız.　单项选择。

(1) "Onun başarılı olması için çok çalışması lâzım."

　　Aşağıdakilerden hangisi bu cümleyle aynı anlamdadır?

A) Başarılı olmak için çok çalışmalıdır.

B) Başarılı olmak için çok çalışmak gerek.

C) Başarılı olduğu için çok çalışıyor.

D) Çok çalıştığı için başarılıdır.

(2) "Hafta sonu yapılacak toplantıya hepiniz katıl _____."

Bu cümlede boş bırakılan yere aşağıdaki eklerden hangisi gelmelidir?

A) -malıyız    B) -meli

C) -malılar    D) -malısınız

(3) I. Öğrenciler ders çalışmak zorundadır.

II. Öğrenciler ders çalışacaklar.

III. Öğrencilerin ders çalışması gerekir.

IV. Öğrenciler ders çalışmalılar.

Yukarıdaki cümlelerden hangisi farklı anlamdadır?

A) I.    B) II.    C) III.    D) IV.

(4) Aşağıdaki cümlelerden hangisinde olasılık (ihtimal) anlamı vardır?

A) Hemen eve gitmek zorundayım.

B) Misafirler, gelmiş olmalılar.

C) Biraz sessiz olmalısınız.

D) Aldıkların için yüz lira ödemelisin.

(5) Aşağıdakilerden hangisi "Ben derslerime çalışmalıyım." Cümlesi ile aynı anlamda değildir?

A) Ben derslerime çalışmak zorundayım.

B) Derslerime çalışmam gerekiyor.

C) Derslerime çalışmam lazım.

D) Ben derslerime çalışıyorum.

第十五课 您感觉怎么样?

KONU 15  KENDİNİZİ NASIL HİSSEDİYORSUNUZ?

(6) Aşağıdaki cümlelerin hangisinde "Gereklilik kipinin olumsuz" şekli vardır?

A) Hasta olmamak için ne yapmalıyız?

B) Spor yapmalıyız.

C) Düzenli beslenmeliyiz.

D) Sigara ve içki içmemeliyiz.

9. Aşağıdaki fiilleri çekimleyiniz. (Gereklilik kipi) 必须式动词变位。

|  | yürümek (olumlu) | yazmak (olumsuz) | okumak (soru) |
|---|---|---|---|
| ben |  |  |  |
| sen |  |  |  |
| o |  |  |  |
| biz |  |  |  |
| siz |  |  |  |
| onlar |  |  |  |

# 第十六课　我们去动物园吗？
## KONU 16　HAYVANAT BAHÇESİNE GİDELİM Mİ?

> Etken Fiiller　主动动词
> Edilgen Fiiller　被动动词
> İşteş Fiiller　相互动词

Babam bize söz verdi. Biz bu hafta sonu hayvanat bahçesine gideceğiz. Yemyeşil ağaçların altında koşuşacağız. Yiyecek sepetleri hazırlanacak. Börekler, çörekler yapılacak. Ağaçların arasında ateş yakmak yasak olduğu için, küçük piknik tüpümüzü götüreceğiz. Önce rengârenk kuşları, çeşit çeşit deniz hayvanlarını, kaplumbağaları, aslanları, tavşanları göreceğiz. Ablamla hayvanları konuşacağız. Babamın, hayvanat bahçesinde görevli arkadaşıyla tanışacağız. Onunla maymunlar hakkında konuşacağız. O, bize maymunların, ilginç yönlerini anlatacak. Şimdiden sabırsızlanıyorum. Şu hafta sonu bir an önce gelsin.

爸爸答应了我们这周末要去动物园。我们会在葱翠的树下聊天，会准备一篮子好吃的。要准备千层酥点和酥饼。由于林中禁用篝火，我们会带上一个野炊用的小煤气罐。我们会先观赏五颜六色的鸟类，各种各样的海洋动物，龟、狮子和兔子。我和姐姐会聊到动物。我们要和爸爸在动物园工作的朋友见面，会和他谈论猴子，他会讲猴子的趣事。我现在就等不及了。要是这周末快点儿到来就好了。

# 第十六课　我们去动物园吗？
KONU 16　HAYVANAT BAHÇESİNE GİDELİM Mİ?

**动词语态　FİİLLERDE ÇATI**

**Tanım** Fiillerin özne ve nesnelerine göre bulundukları duruma "fiil çatısı" denir.

**定义** 动词与动作主体或客体（主语和宾语）之间的关系被称为动词的语态。

**Not　提示**

Fiil çatısı, fiil cümlelerinde aranır. İsim cümlelerinde aranmaz. 句子的谓语如果是动词类的，才有语态。谓语如果是名词类，则没有语态之分。

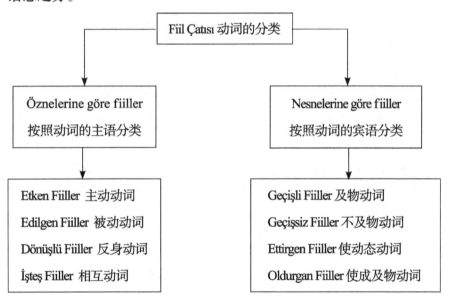

## 主动动词　ETKEN FİİLLER

**Tanım** Gerçek öznesi olan fiillerdir. Özne, fiile sorulan "kim" ve "ne" sorularının cevabıdır.

## 初级土耳其语语法（上册）

**定义** 主动动词有明确的主语。这里所说的"明确的主语"，是指可以回答对谓语"谁"或"什么"的提问。

**Örnekler 示例**

| | |
|---|---|
| Ağaçlar yapraklarını döktü. | 树叶落了。 |
| Soru: Ne döktü? | （问：什么落了？） |
| ağaçlar yapraklarını - Özne | （主语：树叶） |
| Cevap: Ağaçlar yapraklarını döktü. | （答：树的叶子落了。） |
| dökmek - Etken fiil | （主动动词：落） |
| | |
| Ali, çiçekleri suladı. | 阿里给花浇水。 |
| Soru : Kim suladı? | （问：谁浇水？） |
| Ali - Özne | （主语：阿里） |
| Cevap : Ali suladı. | （答：阿里浇水。） |
| sulamak - Etken fiil | （主动动词：浇水） |
| | |
| Akşam eve misafir gelecek. | 晚上客人会来家里。 |
| Soru: Kim gelecek? | （问：谁会来？） |
| misafir - Özne | （主语：客人） |
| Cevap : Misafir gelecek. | （答：客人会来。） |
| gelmek - Etken fiil | （主动动词：来） |

Hakan kitap okuyor. → "okuma" işini Hakan yapıyor. Özne aktif
哈坎读书。→哈坎在做"读书"的动作。（主动主语）

Balık akvaryumda yüzüyor. → "yüzme" işini balık yapıyor. Özne aktif
鱼在水族箱中游。→鱼在做"游"的动作。（主动主语）

Çok güzel kar yağıyor. → "yağma" işini kar yapıyor. Özne aktif
雨瑞雪。→雪在做"雨，落下"的动作。（主动主语）

# 第十六课　我们去动物园吗？
## KONU 16　HAYVANAT BAHÇESİNE GİDELİM Mİ?

**Not** 提示

Cümlede özne verilmeyebilir. Şahıs eklerinden anlaşılan bu tür öznelere "gizli özne" denir. 句子中的主语也可以省略。这种通过人称后缀表现出来的主语被称为"隐藏主语"。

**Örnekler** 示例

| | |
|---|---|
| Bunu çok iyi anladım. | （我）理解得很透了。 |
| Soru : Kim anladı? | （问：谁理解了？） |
| ben - Gizli özne | （我：隐藏主语） |
| Cevap : Ben anladım. | （答：我理解了。） |
| anlamak - Etken fiil | （理解：主动动词） |
| | |
| Ağır ağır çıkacaksın bu merdivenlerden. | （你）慢慢上这楼梯。 |
| Soru : Kim çıkacak? | （问：谁上来？） |
| sen - Gizli özne | （你：隐藏主语） |
| Cevap : Sen çıkacaksın. | （答：你上来。） |
| çıkmak - Etken fiil | （上来：主动动词） |
| | |
| Ödevlerimizi kısa zamanda bitirdik. | （我们）不久就完成了作业。 |
| Soru : Kim bitirdi? | （问：谁完成了？） |
| biz - Gizli özne | （我们：隐藏主语） |
| Cevap : Biz bitirdik. | （答：我们完成了。） |
| bitirmek - Etken fiil | （完成：主动动词） |
| | |
| Akşam sinemaya gidecek. | （他）晚上要去看电影。 |
| (Özne→O) | （主语：他） |

**Kullanımı** 用法

Fiilde anlatılan işin kim tarafından yapıldığı biliniyorsa fiil etkendir. 如果动词所表达动作的发出者是明确的，那么这个动词就是主动动词。如以下句子中，划横线的单词做主语：

<u>Arkadaşlar</u>, masanın üzerini güzelce temizledi. (Kim temizledi? -Arkadaşlar)

<u>大家</u>把桌面擦得干干净净。

Üniversitede çok kitap okurdum. (Kim okurdu? - Ben)

在大学里<u>我</u>读了好多书。（隐藏主语：ben）

<u>Okan ve arkadaşları</u> üç kilo balık tuttu. (Kim tuttu? - Okan ve arkadaşları)

<u>奥坎和他的朋友们</u>钓了3公斤鱼。

<u>Leyla</u>, okuldan sonra kütüphaneye gitti. (Kim gitti? -Leyla)

<u>蕾拉</u>放学后去了图书馆。

<u>Kardeşim</u>, yatınca hemen uyudu. (Kim uyudu? -Kardeşim)

<u>我兄弟</u>一躺下立刻就睡着了。

Sınavdaki soruların bazılarını yapamamış. (Kim yapamamış? -O)

<u>他</u>考试时有几道题不会做。（隐藏主语：o）

## 练习　ALIŞTIRMALAR

1. **Aşağıdaki cümlelerde geçen etken fiilleri ve öznelerini belirtiniz.** 请找出下列句子中的主动动词及其主语。

    (1) Bir kedi miyav dedi.　　　(2) Minik fare kükredi.
    (3) Fareden korktu kedi.　　　(4) Kedi pır uçuverdi.

第十六课 我们去动物园吗？

KONU 16  HAYVANAT BAHÇESİNE GİDELİM Mİ?

2. Aşağıdaki cümlelerin yüklemlerini etken çatılı fiillerle tamamlayınız. 请用下列提供的主动动词完成句子。

> kırmak / görüşmek / okumak / hazırlamak / beklemek / çıkmak /
> temizlemek / sevmek / çarpmak / vermek / beklemek

(1) Ayhan, dün salonun camını _____

(2) Tayfun, Yalçınla _____

(3) Gelecek yıl üniversitede _____

(4) Misafirler için çok güzel yemek _____

(5) İki saattir biz burada _____

(6) Bütün gün dışarı _____

(7) Temizlikçiler sokakları _____

(8) Biz birbirimizi çok _____

(9) Araba, ağaca _____

(10) Kimseye haber _____

## 被动动词　　EDİLGEN FİİLLER

**Tanım** Gerçek öznesi olmayan fiillerdir. Edilgen çatılı fiillere sorulan "kim" ve "ne" soruları sözde özneyi verir. Sözde özne işi yapan değil; işten etkilenendir.

**定义** 被动动词没有真正的主语。当向被动动词提问"谁"或"什么"时，得到的答案只是名义主语。名义主语不是动作的发出者，而是受体。

**Yapılışı** Etken çatılı fiiller kökü + edilgen hâli eki (-l/-n). Edilgen fiiller üç şekilde yapılır:

**构成** 主动动词词干 + 被动态词缀 (-l / -n)。主动变被动有三种形式：

**Kullanımı** 用法

1. Eğer fiil kökünün son harfi sesli ise bunun yanına sadece "n" eki getirilir. 以元音结尾的动词加词缀 -n。如：

| | | | |
|---|---|---|---|
| dinle-n | oku-n | bekle-n | boya-n |
| topla-n | oyna-n | yıka-n | izle-n |
| besle-n | temizle-n | ütüle-n | ara-n |

Hülya, kafesteki kanaryaları besledi. → Kafesteki kanaryalar beslendi.
许丽娅喂了笼子里的金丝雀。 笼子里的金丝雀被喂过了。

Güzel bir gün yaşadım. → Güzel bir gün yaşandı.
我过了很美好的一天。 美好的一天过去了。

Yemekleri iştahla yedik. → Yemekler iştahla yendi.
我们吃得津津有味。 直译：饭和胃口被吃了。

Polis hırsızı yakaladı. → Hırsız yakalandı.
警察抓住了窃贼。 窃贼被抓住了。

2. Eğer fiil kökünün son harfi sessiz ise bunun yanına "-ıl, -il, -ul, -ül" ekleri getirilir. 以除 -l 外的辅音结尾的动词，则按照元音和谐规则加词缀 -ıl/ -il/ -ul/ -ül。如：

| | | |
|---|---|---|
| bak-ıl | sür-ül | anlat-ıl |
| kır-ıl | iç-il | pişir-il |
| yaz-ıl | tak-ıl | öp-ül |

Teyzem, bize tavuk pişirecek. → Tavuk pişirilecek.
我的姨母会给我们做鸡肉。 会做鸡。

Ninem, kardeşimi öpmüş. → Kardeşim, öpülmüş.
我的奶奶亲吻了我的兄弟。 我的兄弟被吻了。

## 第十六课 我们去动物园吗?
KONU 16  HAYVANAT BAHÇESİNE GİDELİM Mİ?

Dayım, tarlayı sürüyor. → Tarla sürülüyor.
我舅舅种田。 田地被耕种。

3. Eğer fiil kökünün son harfi "l" ise yanına "-ın, -in, -un, -ün" ekleri getirilir.　若动词词干以 -l 结尾则按元音和谐规则加词缀 -ın, -in, -un, -ün。如：

al-ın　　　　　sil-in　　　　　gel-in
çal-ın　　　　　sat-ıl　　　　　taş-ın
böl-ün　　　　　bil-in　　　　　duy-ul

Öğretmen, kitapları dolaptan aldı. → Kitaplar dolaptan alındı.
老师从柜子里拿书。 书从柜子里被取出来了。

O gece otelde kaldık. → O gece otelde kalındı.
我们那天夜里待在宾馆。 直译：那天夜晚被在宾馆度过了。

Hırsız, annemin bileziğini çaldı. → Annemin bileziği çalındı.
小偷偷了我妈妈的手镯。 我妈妈的镯子被偷了。

Remzi, elmayı böldü. → Elma bölündü.
莱姆济切开了苹果。 苹果被切开了。

Hükümet, şehrimize okul açacak. → Şehrimize yeni üniversite açılacak.
政府会为我们的城市开办学校。 我们城市快开办新大学了。

**Not 提示**

1. Edilgen çatılı fiillerde gerçek özneyi belirtmek için cümleye "... tarafından" sözcüğü eklenir.　可以通过在被动动词后加 ... tarafından（被……），引出句子真正的主语。

2. "Tarafından" sözünde kişiye göre iyelik eki kullanılır. Tarafından　有人称变化：

| | |
|---|---|
| benim | benim tarafımdan |
| senin | senin tarafından |
| onun | onun tarafından |
| bizim | bizim tarafımızdan |
| sizin | sizin tarafınızdan |
| onların | onların tarafından |

**Örnekler** 示例

Kapı biraz sonra açıldı. → Kapı biraz sonra öğrenci tarafından açıldı.

门一会儿（就被学生）打开了。

Çocuklar seviliyor. → Çocuklar, büyükleri tarafından seviliyor.

孩子们惹大人爱。

**Kullanımı** 用法

1. Fiilin bildirdiği işi yapan belli değilse veya bilinmiyorsa fiil edilgendir. 如果动作的发出者不明确或不知道，这个动词就是被动动词。如：

Bütün kapılar açıldı.　　　　所有门都打开了。

Sınıfın camı kırılmış.　　　　教室的玻璃碎了。

2. Fiilin bildirdiği iş kendi kendine oluyorsa edilgen fiil kullanılır. 如果动词所表达的动作可以独立完成，则一般使用被动态。如：

Evimizin pencereleri yeni takıldı.

我家的窗帘新换了。

Misafirlere yemekten sonra ikram edildi.

饭后客人们又被招待了一番。

Kitaplar raflara tek tek dizildi.

书被依次排放在书架上。

# 第十六课 我们去动物园吗?
## KONU 16 HAYVANAT BAHÇESİNE GİDELİM Mİ?

## 练习 ALIŞTIRMALAR

1. **Aşağıdaki etken çatılı fiilleri edilgen yapınız.** 请将下列主动句改成被动句。

    (1) Dün gece çok güzel bir film seyrettim.
    _____

    (2) Dedem, bahçedeki çiçekleri suladı.
    _____

    (3) Ressam, bu tabloyu iki ayda tamamladı.
    _____

    (4) Annem, mutfaktaki bütün bulaşıkları yıkadı.
    _____

    (5) Konsere gitmek için bilet aldık.
    _____

2. **Aşağıdaki etken fiilleri edilgen yapınız.** 请把下列主动动词改写成被动动词。

    (1) düşünmek: _____
    (2) pişirmek: _____
    (3) anlatmak: _____
    (4) satmak: _____
    (5) yardım etmek: _____

3. **Aşağıdaki cümlelerde altı çizili kelimelerdeki yanlışlıkları düzelterek cümleleri yeniden yazınız.** 请仿照示例改正划线词语。

    **Örnek:** Tiyatro için bilet <u>alındılar</u>. → yanlış (alındı)

    <u>Okulumuzu</u> boyandı. → yanlış (okulumuz)

(1) Arabayı yıkandı.

(2) Hikayeyi okundu.

(3) Odayı temizlendi

(4) Evimizi satıldı.

(5) Bilgisayarımı çalındı.

(6) Mahallemizin yolunu yapıldı.

(7) Çanta taşındılar.

(8) Telefonlar kapatıldılar.

(9) Konuyu anlaşıldı.

(10) Son çıkan roman iki günde 1 milyon satındı.


4. "Yıllar sonra bir araya geldik, kahve içtik, birbirimize fıkralar anlattık, eski fotoğraflara baktık, sohbet ettik." Bu cümleyi edilgen çatılı fiillerle tekrar yazınız. 请用被动语态重写这句话。

_____

_____

_____


5. Aşağıdaki cümleleri eşleştiriniz. 请连线。

A. Öğretmen tahtaya yazdığı yazılar    a. çok iyi tamir edildi

B. Sana olan borcum    b. dinlendi

C. Bu şarkı geçen gün    c. sayılmadı

D. Bu tamirhanede araba    d. öğrenciler tarafından silindi

E. Arif'in attığı gol    e. hepsi ödendi

## 第十六课　我们去动物园吗？
### KONU 16　HAYVANAT BAHÇESİNE GİDELİM Mİ?

**6. Aşağıdaki cümleleri edilgen çatılı fiillerle tamamlayınız.** 请用下列单词的被动语态完成句子。

---
anlatmak / giymek / boyamak / harcamak / eğlenmek

---

(1) Hafta sonunda partide çok _____.

(2) Bizim evin rengi krem rengine _____.

(3) Bu düğün için çok para _____.

(4) Beyaz gömlek kim tarafından _____?

(5) Uyuşturucunun zararları _____.


**7. Aşağıdaki cümlelerin etken mi edilgen mi olduklarını belirtiniz.** 请指出下列句子中动词的语态。

(1) Sokağımıza yeni bir park yapılmış.
　　Etken ☐　　　　　　Edilgen ☐

(2) Bu masayı salona kim götürebilir?
　　Etken ☐　　　　　　Edilgen ☐

(3) Kapının önünde güzel bir taksi durdu.
　　Etken ☐　　　　　　Edilgen ☐

(4) Ağacın dalındaki sulu şeftaliler koparılmış.
　　Etken ☐　　　　　　Edilgen ☐

(5) İşlerin hepsi bugün bitirilmeli.
　　Etken ☐　　　　　　Edilgen ☐

## 相互动词　　İŞTEŞ FİİLLER

**Tanım** Bir işin birden fazla özne tarafından karşılıklı ya da birlikte yapıldığını bildiren fiillere "işteş fiil" denir.

**定义** 相互动词所表达动作的发出者有两个或两个以上，并且该动作由他们共同或相互发出。

**Yapılışı** Etken çatılı fiiller kökü + İşteş hâli eki (-(I) ş)

**构成** 主动动词词干 + 相互态词缀（-ş, -ış, -iş, -uş, -üş）。如：

| ETKEN | | İŞTEŞ | ETKEN | | İŞTEŞ |
|---|---|---|---|---|---|
| gülmek | → | gül-üş-mek | kaçmak | → | kaç-ış-mak |
| selâmlamak | → | selâmla-ş-mak | görmek | → | gör-üş-mek |
| anlamak | → | anla-ş-mak | tanımak | → | tanı-ş-mak |
| kucaklamak | → | kucakla-ş-mak | çarpmak | → | çarp-ış-mak |
| koşmak | → | koş-uş-mak | karşılamak | → | karşıla-ş-mak |

**Örnekler** 示例

Sokakta eski bir arkadaşımla karşılaştım.
我在街上见到了一个以前的朋友。
İki devlet boğazlar hususunda anlaştı.
两国就海峡问题达成一致。
Yarın buluşmak üzere sözleştiler.
双方承诺次日见面。
Ayrılırken ağlaştılar.
分别时他们相拥而泣。
İki arkadaş, uzun yıllar sonra buluştu.
两个朋友分别多年后重逢。
Kavşakta iki araba çarpıştı.
两车在路口相撞。
Mehmet yeni öğretmeniyle tanıştı.
穆罕默德与新老师相互认识。

# 第十六课　我们去动物园吗？
## KONU 16　HAYVANAT BAHÇESİNE GİDELİM Mİ?

Küçük kız annesiyle kuçaklaştı.

小姑娘和妈妈互相拥抱。

**Not　提示**

Bir fiilin işteş olabilmesi için fiilde anlatılan işin birden fazla kişi tarafından yapılması gerekir. 相互动词应该用来表达由两个或两个以上的主体来完成的动作。如：

Zil çalınca herkes kapıya koşuştu.

打铃时人们拥向各个门口。

Arkadaşımızın anlattığı fıkraya herkes gülüştü.

我的朋友们会心一笑。

Hastanın akrabaları, amaliyathane önünde ağlaştılar.

病人家属在手术室前对泣。

Ağaçtaki kuşlar güzel ötüşüyor.

树上的鸟儿彼此唱和。

**Kullanımı　用法**

1. Karşılıklı yapma anlamı bildirir. 表示相互的动作。如：

Yolda, birbiriyle selâmlaştılar.

人们在路上互相问好。

Bu konuyu uzun süre tartıştık.

我们就这个问题争论了许久。

Annesi ve oğlu ağlayarak kucaklaştılar.

母子俩相拥而泣。

2. Bir işin birden çok özne tarafından toplu olarak yapıldığını gösterir. 表示由多个主体同时进行的动作。如：

Bir bahar günü kuzular meleşiyor, kuşlar ötüşüyordu.

在一个春日，绵羊咩咩，鸟儿啼鸣。

**Dikkat 注意**

1. Bazı fiillerde işteşlik anlamı olmasına rağmen bu fiiller işteşlik eki almamıştır. 有些动词虽然表面上是相互动词形式，但它们不是相互动词，因为这些动词所表达的动作本身就要求至少由两个主体来完成，本身就带有相互动词的含义。如：savaşmak, barışmak, konuşmak, güreşmek, yarışmak。

2. Bazı fiillerde "-ş" eki olduğu hâlde işteşlik anlamı yoktur. 有些动词虽然以 -ş 结尾，却不是相互动词。如：gelişmek, yatışmak, yetişmek, alışmak, çalışmak。

3. Bazı isimler "-laş, -leş" eki alarak işteş fiil olur. 有些名词后加词缀 -laş, -leş 可以变成相互动词。如：masajlaşmak, tokalaşmak, dertleşmek, sözleşmek, mektuplaşmak, selâmlaşmak。

4. İşteşlik eki "-ış, -iş, -uş, -üş" bütün fiillere gelmez. 并非所有动词都能加词缀 -(I)ş 变成相互动词，如：okumak → oku-ş-mak (yanlış ×), oturmak → oturu-ş-mak (yanlış ×), içmek → iç-iş-mek (yanlış ×)。

## 练习 ALIŞTIRMALAR

1. Aşağıdaki etken çatılı fiilleri işteş yapınız. 请仿照示例，将下列主动动词改写成相互动词。

görmek → görüşmek

(1) selâmlamak → _____  (2) çarpmak → _____

# 第十六课 我们去动物园吗?
## KONU 16　HAYVANAT BAHÇESİNE GİDELİM Mİ?

(3) gülmek → _____　　(4) bağırmak → _____

(5) karşılamak → _____　(6) tanımak → _____

(7) sevmek → _____　　(8) koşmak → _____

(9) itmek → _____

2. **Aşağıdaki etken cümleleri işteş yapınız.** 请将下列主动句改写成相互态。

(1) Ahmet ile Hanife birbirlerini bir temmuz akşamı tanımış.

_____

(2) İki araba birbirlerine çarptı.

_____

(3) Ben onu anladım. O da beni anladı.

_____

(4) Film seyrederken güldük.

_____

(5) Birbirimizi caddenin sonundaki kahvehanede gördük.

_____

3. **Aşağıdaki cümlelerin fiil çatılarını belirtiniz.** 请指出下列句子中动词的语态。

(1) Önümüzdeki ay yurt dışına çıkılacak.

_____

(2) Seni çok özledim.

_____

(3) İki adam pencereden bize baktı.

_____

(4) Babamla annem, kardeşim gidince ağlaştı.

_____

(5) Bu film, seyirciler tarafından beğenildi.

4. **Aşağıdaki etken çatılı cümleleri edilgen yapınız.** 请将下列主动态句子改写成被动态。

   (1) Öğrenciler, ev ödevlerini yapmadılar.

   (2) Annem, yemek hazırladı.

   (3) Çocuklar, futbol oynadılar.

   (4) Her akşam dizi film seyrederiz.

   (5) Hastalanınca doktora gidiyoruz.

5. **Aşağıdaki edilgen fiilleri olumsuz yapınız.** 请写出下列被动动词的否定形式。

   (1) Paralar kaybedildi.

   (2) Sorular cevaplanıyor.

   (3) Her yaz tatilinde Antalya'ya gidilir.

   (4) Hasta, muayene ediliyor.

   (5) Okullar haziran ayında kapanacak.

第十六课　我们去动物园吗？

KONU 16　HAYVANAT BAHÇESİNE GİDELİM Mİ?

6. Aşağıdaki cümleleri örnekteki gibi işteş fiil kullanarak yeniden yazınız.　请仿照示例将句子改写成相互态。

Örnek: Ben öğrencilerime selam veririm, onlar bana selam verir.

Öğrencilerimle selamlaşırız.

(1) İki tren, birbiriyle çarptı.

_____

(2) İki arkadaş, sonunda birbirini anladı.

_____

(3) İnsanlar, sırada bekliyorlar.

_____

(4) Arkadaşımla birbirimize mektup gönderiyoruz.

_____

7. Aşağıdaki test sorularını cevaplayınız.　单项选择。

(1) "Dün onunla görüştüm." Bu cümledeki fiilin çatısı nedir?

　　A) Etken.　　B) Edilgen.　　C) Dönüşlü.　　D İşteş.

(2) Aşağıdaki cümlelerden hangisinde "bir işi karşılıklı yapma" anlamı vardır.

　　A) Annem süratle iyileşiyordu.

　　B) İki aile sonunda barıştı.

　　C) Yaz sıcağı onu esmerleştirdi.

　　D) Gömlekler yıkandıkça beyazlaşıyor.

(3) "Ben Yozgat'ta yaşıyorum. Nihal İzmir'de yaşıyor. En az haftada bir ona e-posta gönderiyorum. O da mutlaka bana e-posta ile cevap veriyor."

Yukarıdaki metinde hangi fiil anlatılmaktadır?

　　A) Yazılmak.　　B) Yazmak.　　C) Yazdırmak.　　D) Yazışmak.

8. Aşağıdaki cümleleri uygun fiillerle tamamlayınız. 请在下列句子中填入相应形式的动词。

(1) Öğretmenin tahtaya yazdığı yazılar sil _____ (Edilgen)

(2) Anahtarları kaybet _____ (Etken)

(3) Sokaktaki çöpler dün gece al _____ (Edilgen)

(4) Yarın bir saat elektrikler kes _____ (Edilgen)

(5) Bayram için evi temizle _____ (Etken)

(6) İki arkadaş, uzun süre bak _____ (İşteş)

(7) Yemekten sonra meyve ye _____ (Etken)

(8) Arkadaşım ile ayda bir yaz _____ (İşteş)

(9) Okulun bütün duvarları boya _____ (Edilgen)

(10) Fıkraya bütün öğrenciler gül _____ (İşteş)

# 课后习题答案

## 第一课　KONU 1

**Ünlü Uyumu**　元音和谐

1. elma, geliyor, merhaba, anne, kitap, kardeş, siliyor, kalem

2. armut, diyor, alıyor, yağmur

3. 1~4 DYDD

4. A B C Ç D E F G Ğ H I İ J K L M N O Ö P R S Ş T U Ü V Y Z

8.

|  | Sesli Harf | Sessiz harf |
|---|---|---|
| müdür | ü | m,d,r |
| kalem | a,e | k,l,m |
| okul | o,u | k,l |
| öğretmen | ö,e | ğ,r,t,m,n |
| sınıf | ı | s,n,f |

**Şahıs Zamirler**　人称代词

1. Diyalog 1

　Ayşe: Günaydın.

　Ayşe: Teşekkür ederim. İyiyim.

　Ali: Teşekkür ederim. Ben de iyiyim.

　Diyalog 2

　Ahmet: Merhaba.

　Ahmet: Nasılsınız.

　Ayla: İyiyim. Siz nasılsınız.

　Diyalog 3

　Leyla: İyi geceler Salih.

Salih: Nasılsınız Leyla?

Leyla: Teşekkür ederim. İyiyim siz nasılsınız?

Salih : Ben de iyiyim.

Diyalog 4

Ali Bey: Nasılsınız?

2. 1. Ben   2. O   3. Onlar   4. Siz

3. A. d   B. e   C. c   D. b   E. f   F. a

## İyelik Zamirleri ve İyelik Ekleri 物主代词及领属性词缀

1. (1) Benim arabam   (2) Senin baban   (3) Onun tahtası

   (4) Bizim gazetemiz   (5) Sizin silginiz   (6) Onların perdeleri

   (7) Benim kalemim   (8) Senin sınıfın   (9) Onun telefonu

   (10) Bizim dersimiz   (11) Sizin öğretmeniniz   (12) Onların defterleri

2. (1) A: Telefon numaran kaç?   B: Telefon numaram 138 1144 6615

   (2) A: Doğum tarihin kaç?   B: Doğum tarihim bir eylül ikibin üç.

   (3) A: Senin deden kaç yaşında?   B: Benim dedem 65 yaşında.

   (4) A: Kaç kardeşin var?   B: Üç kardeşim var.

   (5) A: Senin adın ne?   B: Benim adım Salih.

   (6) A: Okul numaranız kaç?   B: Okul numaram 220113866

3. A. c   B. e   C. d   D. b   E. a

4. A. c   B. d   C. a   D. e   E. b

5. (1) A: Onlar, senin arkadaşların mı? Evet, benim arkadaşlarım. Hayır benim arkadaşlarım değil.

   (2) A: O, senin araban mı? Evet, benim arabam. Hayır benim arabam değil.

   (3) A: Bu, Ali'nin kardeşi mi? Evet, Alinin kardeşi. Hayır Ali'nin kardeşi değil.

   (4) A: Senin kalemin mavi mi? Evet, benim kalemim mavi. Hayır benim kalemim mavi değil.

(5) A: Fuat'ın bisikleti güzel mi? Evet, güzel. Hayır, güzel değil.

(6) A: Onun kedisi var mı? Evet, var. Hayır yok.

(7) A: Şu, senin baban mı? Evet, benim babam. Hayır, benim babam değil.

(8) A: Sizin daireniz ikinci katta mı? Evet, ikinci katta. Hayır ikinci katta değil, altıncı katta.

(9) A: Onların arkadaşları çalışkan mı? Evet, çalışkan. Hayır, çalışkan değil.

(10) Ali'nin saçları uzun mu? Evet, uzun. Hayır, uzun değil.

6. (1) Evet, benim arabam var.   (2) Bizim evimiz altıncı katta.

(3) Evet, bu kalem benim.   (4) Onların telefonları var.

(5) Çocukların topu orada.   (6) Babam evde.

(7) Evet, kitabım çantamda.   (8) Derslerim çok iyi.

(9) Haftanın günleri Pazartesi, Salı, Çarşamba, Perşembe, Cuma, Cumartesi, Pazar.

(10) Babamın mesleği doktor.

## 第二课　KONU 2

**İşaret Zamirleri　指示代词**

1. (1) lamba   (2) sıra   (3) çocuk

2. (1) kim   (2) ne   (3) ne   (4) kim   (5) kim

3. A. c   B. a   C. b

4. (1).Bunlar eldiven mi?   (2) Bu çilek mi?   (3) Bu silgi mi? (4) O dağ mı?   (5) Bu çay mı?   (6) Şu göl mü?

5. (1) dikkatliyim   (2) üzgün   (3) yolcuyuz   (4) aşçıyız   (5) postacı

6. (1) mi   (2) mu   (3) mi   (4) mi   (5) mı   (6) mı   (7) mı   (8) mu (9) mu   (10) mü   (11) mi   (12) mü   (13) mi   (14) mü

7. (1) Hayır, kitap  (2) Evet, çanta  (3) Hayır, defter  (4) Evet, komşu

  (5) Hayır, voleybolcu

**Soru Zamirleri  疑问代词**

1.~4 DCAB

**İsimlerde Olumsuzluk  名词的否定形式**

(1) sürahi  (2) uçak  (3) televizyon  (4) apartman,bina  (5) cibinlik

(6) futbolcu  (7) tenisci  (8) para  (9) gömlek

(11) üzgün değil. üzgün  (12) yorgunuz, yorgun değiliz

(13) arkadaş değil  (14) öğrenci değil  (15) işçi

**Çoğul Eki 复数形式**

1. (1) arabalar  (2) ördekler  (3) elmalar  (4) kapılar  (5) silgiler

  (6) sınıflar  (7) sözlükler  (8) öğrenciler  (9) defterler

**Emir Kipi  命令式**

1. (1) kaldır  (2) atma  (3) içmeyin  (4) yapmayın  (5) girmeyin

  (6) gelsinler  (7) kalmasınlar  (8) yıka  (9) söyle  (10) fırçalayın

2. (1) çıkma  (2) açma  (3) telefon etme  (4) fırçalama

3. (1) açmayın  (2) vermeyin  (3) beklemeyin  (4) dinlemeyin

  (5) konuşmayın

4. A. d  B. e  C. a  D. b  E. c

5. (1) oynamayın  (2) gelin  (3) yapmasın  (4) yiyin  (5) içmesin

6. (1) Lütfen, O şu kapıdan girsin.

  (2) Onlar, bu akşam yemeğe geç kalmasınlar.

  (3) Lütfen siz beni dinleyin

  (4) Lütfen, kütüphanede sesli konuşmayın.

  (5) Bugün siz çiçekleri sulayınız.

7. (1) çıkmasın  (2) gitmesinler  (3) çalışmasın  (4) seyretsinler

8.

| | | | |
|---|---|---|---|
| Ben | | | |
| Sen | otur | uyuma | |
| O | otursun | uyumasın | yazsın mı? |
| Biz | | | |
| Siz | oturun | uyumayın | |
| Onlar | otursunlar | uyumasınlar | yazsınlar mı? |

# 第三课　KONU 3

**Şimdiki Zaman　现在时**

1. (1) Öğrenciler kitap okuyorlar.

   (2) Babam pencereden bakıyor.

   (3) Çocuklar dışarıda futbol oynuyorlar.

   (4) Bebek süt içiyor.

   (5) Öğretmen ders anlatıyor.

2. (1) Evet, Maltepe'de oturuyorum. Hayır, Maltepe'de oturmuyorum.

   (2) Evet, İstanbulu seviyorum. Hayır, sevmiyorum.

   (3) Evet, ders çalışıyor. Hayır, ders çalışmıyor.

   (4) Evet, sinemadan geliyorum. Hayır, sinemadan gelmiyorum.

3. (1) Hayır, yağmur yağmıyor.

   (2) Hayır, basketbol oynamıyorum.

   (3) Hayır, öğrenciler, kitap okumuyorlar.

   (4) Hayır, futbolcular sahaya çıkmıyorlar.

   (5) Hayır, misafirler gelmiyorlar.

4. (1) temizliyor　(2) söylüyorlar　(3) anlatıyor　(4) oynuyorum

   (5) yüzüyorlar　(6) suluyor　(7) yıkıyor　(8) çalışıyor

   (9) topluyor　(10) ötüyorlar

5. (1) gidiyor　(2) yapıyor　(3) seyrediyor　(4) gidiyor sunuz?

(5) içmiyorum

6. (1) Turgay telefon ediyor mu?   (2) Onlar denizde yüzüyor mu?

  (3) Biz pikniğe gidiyor muyuz?   (4) Köpek havluyor mu?

7. (1) Sabah erken kalkıyor musunuz?

  (2) Büyük şirkette mi çalışıyor sunuz?

  (3) O futbol oynuyor mu?

  (4) Siz resim mi yapıyor sunuz?

  (5) Babanız çalışıyor mu?

8.

| ben | seviyorum | tanıyorum | özlemiyorum | boyuyor muyum? |
| sen | seviyorsun | tanıyorsun | özlemiyorsun | boyuyor musun? |
| o | seviyor | tanıyor | özlemiyor | boyuyor mu? |
| biz | seviyoruz | tanıyoruz | özlemiyoruz | boyuyor muyuz? |
| siz | seviyorsunuz | tanıyorsunuz | özlemiyorsunuz | boyuyor musunuz? |
| onlar | seviyorlar | tanıyorlar | özlemiyorlar | boyuyorlar mı? |

| ben | konuşuyorum | dinliyorum | anlıyorum | gülüyorum |
| sen | konuşuyorsun | dinliyorsun | anlıyorsun | gülüyorsun |
| o | konuşuyor | dinliyor | anlıyor | gülüyor |
| biz | konuşuyoruz | dinliyoruz | anlıyoruz | gülüyoruz |
| siz | konuşuyorsunuz | dinliyorsunuz | anlıyorsunuz | gülüyorsunuz |
| onlar | konuşuyorlar | dinliyorlar | anlıyorlar | gülüyorlar |

## 第四课 KONU 4

**Geniş Zaman** 宽广时

1. (1) Siz genellikle saat kaçta yatarsınız?

  (2) Arkadaşlarını sık sık ziyaret eder.

  (3) Boş zamanlarında balık tutar.

(4) Okula genellikle yürüyerek gider.

(5) O asla arkadaşları ile kavga etmez.

2. (1) yağmaz   (2) içmez   (3) oynamaz   (4) yaşamaz   (5) kalkmam

3. (1) söylemez   (2) sevmez   (3) okumam   (4) gitmez   (5) bağırmaz

4. (1) Evet, yerim. Hayır, yemem.

   (2) Evet, kalkar. Hayır, kalkmaz.

   (3) Evet, olur. Hayır, olmaz.

   (4) Evet, severim. Hayır, sevmem.

   (5) Evet, geçer. Hayır, geçmez.

5. (1) Dişlerimi hergün fırçalarım.   (2) Ayda bir giderim.

   (3) Evet, çok hoşlanırım.   (4) Sabahları erken kalkarım.

   (5) Hayır, Arkadaşlarımla hiç kavga etmem.

6. (1) Yalan söyler misin?

   (2) Futbol oymaktan hoşlanır mısınız?

   (3) Müzik dinler misiniz?

   (4) Arkadaşlarınızla sık sık tiyatroya gider misiniz?

   (5) Karanlıktan korkar mısınız?

7. yaşar, bırakır, gider, yapar, yer, buluşur, içer, eder, döner, döner, çalışır, seyreder, okur, yatar

8.

| ben | dururum | yürürüm | koşarım |
|---|---|---|---|
| sen | durursun | yürürsün | koşarsın |
| o | durur | yürür | koşar |
| biz | dururuz | yürürüz | koşarız |
| siz | durursunuz | yürürsünüz | koşarsınız |
| onlar | dururlar | yürürler | koşarlar |

**Ünsüz Yumuşaması  辅音的浊化**

1. (1) kasaba  (2) sözlüğe  (3) ağaca  (4) kitaba  (5) kalemliğe

   (6) koltuğa  (7) dolabı  (8) ilaca  (9) gidiyor  (10) sebebi

2. (1) Bu kitabları kitablığa koyun.

   (2) İki gün sonra sinemaya gideceğim.

   (3) Lütfen, şu koltuğa oturun.

   (4) Bu Türkçe kitabı senin mi?

   (5) Kedi ağaca tırmanıyor

   (6) Yarın arkadaşıma yardım edeceğim.

# 第五课  KONU 5

**Sıra Sayı Sıfatları  序数词**

1. (1) on yedi  (2) otuz altı  (3) yüz otuz dokuz  (4) elli dört

   (5) seksen altı  (6) beş yüz beş

2. (1) Tükçe, Türkçe, Dilbilgisi, Edebiyat  (2) Birinci ay ocak

   (3) Bu ay ekim ayı  (4) Bu, ikinci sınav  (5) Halime  (6) Arda Turan

3. A. e  B. d  C. c  D. a  E. b

4. (1) yedinci  (2) dokuzuncu  (3) altıncı  (4) yirmi birinci

**Üleştirme Sayı Sıfatları  数量分配区分形容数词**

1. (1) birer  (2) ikişer  (3) birer birer  (4) beşer beşer

   (5) beşer  (6) onar

2. A. c  B. d  C. b  D. a  E. e

**Kesir Sayı Sıfatları  分数**

1. (1) iki bölü dört  (2) altı bölü dokuz  (3) Bir bölü üç

   (4) Üç bölü dört

2. (1) 3/5  (2) 7/10  (3) 4/5  (4) 6/3

## İsmin Bulunma Hali  名词位格

1. (1) ağaçta  (2) evde  (3) okulda  (4) durakta  (5) bahçede
   (6) hastanede  (7) bahçede  (8) sınıfta  (9) mutfakta  (10) ofiste

2. (1) Yasemin'de  (2) öğrencilerde  (3) Erol'da  (4) babanda
   (5) doktorda  (6) sizde  (7) bizde  (8) poliste  (9) sizde
   (10) Ali'de

3. (1) kafeste  (2) İstanbul'da  (3) fabrikada  (4) sınıfta  (5) garajda
   (6) ofiste  (7) sinemada  (8) yatakhanede  (9) gemide
   (10) balkonda

4. (1) evdeyim  (2) yatakhanedeyim  (3) sokakta  (4) lokantadayız
   (5) çatıdayız  (6) piknikteler

5. (1) Halime'de  (2) sınıfta  (3) Ali'de  (4) 9-A sınıfında

6. (1) içinde  (2) yanında  (3) karşısında  (4) köşesinde  (5) yanında
   (6) üstünde  (7) içinde  (8) üstünde  (9) altında  (10) yanında

7. (1) köşesinde  (2) altında  (3) üstünde  (4) önünde  (5) yanında
   (6) içinde  (7) üstünde  (8) ortasında  (9) sehpanın önünde

# 第六课  KONU 6

**Ek Fiilin Geniş Zamanı**  宽广时谓语性后缀谓语性词缀的宽广时

1.

| ben | polisim | zekiyim | iş adamıyım | güçlüyüm |
| sen | polissin | zekisin | iş adamısın | güçlüsün |
| o | polis | zeki | iş adamı | güçlü |
| biz | polisiz | zekiyiz | iş adamıyız | güçlüyüz |
| siz | polissiniz | zekisiniz | iş adamısınız | güçlüsünüz |
| onlar | polisler | zekiler | iş adamları | güçlüler |

2. (1) dişçiyim  (2) mühendissin  (3) çalışkan  (4) öğrenciyiz

(5) zenginsiniz  (6) müdürler  (7) zeki  (8) çocuksunuz

(9) gençler  (10) yazarsın

3.(1) nasılsın  (2) misiniz  (3) nasıllar  (4) nasıl  (5) nasılız

**Yeterlilik Fiili**  能愿动词

1. 1~6 DDYYDD

2. A.d  B. e  C. b  D. c  E. g  F. a  G. f

3. (1) kelebek  (2) balık  (3) papağan  (4) ceylan  (5) leylek

4. (1) gidemezsiniz  (2) öğrenemeyiz  (3) okuyamayız

   (4) alamayız  (5) geçemez

5. (1) rica  (2) gücü yetme  (3) yetenek  (4) rica  (5) ihtimal

6. (1) konuşabilir  (2) öğretebilir  (3) oynayabilir

   (4) kalkamaz  (5) oynayamaz

7. ACCBCA

# 第七课  KONU 7

**Görülen Geçmiş Zaman**  确指过去时

1. (1) oynadım  (2) aldı  (3) seyrettin mi?  (4) çalışmadın

   (5) gelmedi  (6) kaldın  (7) beğendin mi?  (8) yaptın mı?

   (9) kaldın?

2. (1) Öğretmen bahçede öğrencilerle futbol oynadı.

   (2) Biz dünkü süpermarketten alışveriş yaptık.

   (3) Ben arkadaşlar ile sinemada film seyrettim.

   (4) Geçen gün Ali okula geç kaldı.

   (5) Kardeşim geçen hafta "Beyaz Diş" romanını okudu.

3. (1) Dün piknikte futbol oynadın mı?

   (2) Dün gece partiden sonra eve gittin mi?

   (3) Dün akşam televizyon seyrettin mi?

(4) Önceki gün okula geç kaldın mı?

　　(5) Ali'yi gördün mü?

4. (1) çalıştım, çalışmadım  (2) suladı, sulamadı  (3) gittim, gitmedim

　　(4) yakaladı, yakalamadı  (5) gittim, gitmedim

5. (1) bindi  (2) gittiler  (3) geldi  (4) yıkadı  (5) yağdı

6. (1) gitmedim  (2) vermedi  (3) vermedi  (4) etmedi  (5) gelmedi

7.

|  | Sulamak (Olumlu) | Kapatmak (Olumsuz) | Taşımak (soru) |
| --- | --- | --- | --- |
| ben | suladım | kapatmadım | taşıdım mı? |
| sen | suladın | kapatmadın | taşıdın mı? |
| o | suladı | kapatmadı | taşıdı mı? |
| biz | suladık | kapatmadık | taşıdık mı? |
| siz | suladınız | kapatmadınız | taşıdınız mı? |
| onlar | suladılar | kapatmadılar | taşıdılar mı? |

**İsim Tamlamaları　名词词组**

**Belirtili İsim Tamlaması　确指名词词组**

1. (1) defterin sayfası  (2) evin bahçesi  (3) sınıfın penceresi

　　(4) kapının kolu  (5) Selim'in kalemi  (6) öğretmenin kitabı

　　(7) Salih'in ceketi  (8) doktorun önlüğü  (9) akvaryumun camı

　　(10) Hüseyin'in bilgisayarı

2. (1) masanın üstü  (2) Ayşe'nin kütüphanesi  (3) kutunun içi

　　(4) arabanın tekeri  (5) pencerenin camı  (6) paltonun düğmesi

　　(7) tahtanın silgisi  (8) Ayşe'nin çantası  (9) sandalyenin altı

　　(10) odanın içi

**Belirtisiz İsim Tamlaması　泛指名词词组**

1. (1) arabanın lastiği  (2) okulu bahçesi  (3) sınıfın başkanı

　　(4) öğrencinin karnesi  (5) çocuğun arabası

2. (1) sı  (2) ı  (3) i  (4) si  (5) i  (6) ü  (7) i  (8) si  (9) bı  (10) i

3. (1) u  (2) sı  (3) ni  (4) i  (5) sında  (6) sı  (7) sı  (8) na
   (9) una  (10) sı, bı

### Zincirleme İsim Tamlaması  链式名词词组

1. (1) odamın içi   (2) evinizin çatısı   (3) arabasının markası
   (4) şehrimizin kalesi   (5) doktorunuzun tavsiyesi
   (6) kitaplarının adı   (7) evinin penceresi   (8) odasının halısı
   (9) kedimin gözleri   (10) yemekhanesinin sandalyeleri

2. (1) kaldırımın kenarını   (2) odasının masası   (3) masanın örtüsünü
   (4) müdürün odası   (5) gazetesini   (6) öğrencilerin çantaları
   (7) odasını   (8) topu   (9) makinesi   (10) tiyatrosunun binası

3. (1) okulun bahçesinin kapısı   (2) sınıfın penceresinin perdesi
   (3) odasının duvarı   (4) Ahmet'in evinin arkasında
   (5) babamın erkek kardeşi   (6) odasının halısı
   (7) Türkiye'nin milli marşını   (8) gazetenin ikinci sayfasında haberi
   (9) dedemin evinin bahçesinin içinde   (10) merkezinin karşısında

4. (1) akşam yemeği              (2) Turgay'ın anahtarı
   (3) kardeşimin dolabı          (4) gazetenin sayfası

5. (1) cep telefonların fiyatı ucuz   (2) çantanın içinde
   (3) Fatih'in arkadaşı          (4) Erol'un kalemi
   (5) televizyon dolabının anahtarı   (6) okul müdürü

6. (1) şişenin kapağı             (2) otobüsün direksiyonu
   (3) caddenin lambası           (4) çiçeğin yaprağı
   (5) masanın örtüsü             (6) Ahmet'in saçları
   (7) ağacın dalı                (8) arkadaşımın annesi
   (9) okulun kapısı              (10) onun evi

# 第八课　KONU 8

**Soru Sıfatları　疑问形容词**

1. (1) on sekiz yaşındayım.　　　(2) telefon numaram

   (3) altmış üç kiloyum　　　　(4) yüz on beş

   (5) dört ders var　　　　　　(6) beş adam var

2. (1) Çarşamba günü kaç ders var?　(2) Bir saat kaç dakika?

   (3) Bir yıl kaç gün?

3. A. e　B. d　C. e　D. c　E. a

4. (1) mavi　(2) soldaki ev　(3) minübüs　(4) şiir　(5) Selim

5. (1) eski　(2) kırmızı　(3) çalışkan　(4) sevimli

6. (1) Arkadaşım Hanzhou'da oturuyor.

   (2) Galatasaray takımını tutuyor.

   (3) Zeki ve çalışkan.

   (4) Sınıfımızda on iki öğrenci var.

   (5) Babam ayda bin lira veriyor.

**Ünsüz Uyumu　辅音和谐**

1. (1) parkta　(2) ağaçta　(3) bankta　(4) Turgut'ta　(5) sınıfta

2. (1) bahçede　(2) maçta　(3) dolapta　(4) kitapta　(5) bankada

   (6) defterde　(7) masada　(8) salonda　(9) garajda　(10) yurtta

   (11) çocukta　(12) üçte　(13) tahtada　(14) bardakta　(15) tahtada

3. (1) saatçi　(2) ayakta　(3) ağaçta　(4) sokakta　(5) Akif'te

**İlgi Zamiri "ki"　关系代词"ki"**

1. (1) Benim babam öğretmen Tarkan'ın ki doktor.

   (2) Bizim evimiz Üsküdar'da Ayşe'nin ki Çamlıca'da.

   (3) Benim kardeşim on yaşında onunki beş yaşında.

   (4) Bizim Türkçe öğretmenimiz genç onlarınki yaşlı.

2. (1) Benim şapkam beyaz, Seninki?

(2) Bizim köpek yaşlı, sizinki?

(3) Bizim okul zor değil, Sizinki?

(4) Benim arabam mavi, Seninki?

3. (1) Bu Ali'ninki mi?  (2) o kitap seninki mi?

(3) o ev bizimki mi?  (4) o çanta seninki mi?

(5) o ceket seninki mi?  (6) bu araba onlarınki mi?

(7) bu sözlük seninki mi?  (8) bu bilgisayar sizinki mi?

# 第九课　KONU 9

## İsmin Yönelme Hali　名词向格

1. (1) tiyatroya  (2) tenefüse  (3) çantasına  (4) sınıfa  (5) minibüse

   (6) resimlere  (7) tahtaya  (8) pikniğe  (9) eve  (10) otobüse

2. (1) sana  (2) ona  (3) bize  (4) bana  (5) ona  (6) bana  (7) bize

   (8) onlara  (9) bize  (10) size

3. (1) □  (2) √□  (3) □  (4) √□  (5) □  (6) □  (7) □  (8) √□

   (9) □  (10) √□

## İsmin Ayrılma Hali　名词从格

1. (1) nereden  (2) marketten  (3) İstanbul'dan  (4) dersten

   (5) kantinden  (6) servisten  (7) yataktan  (8) pencereden

   (9) çantasından  (10) yemekten

2. (1) senden  (2) Ayşe'den  (3) babandan  (4) benden  (5) onlardan

   (6) benden  (7) sizden  (8) bizden  (9) onlardan  (10) sizden

## Ses Düşmesi　语音脱落

1. (1) omzumda  (2) karnım  (3) fikrin  (4) şehrin  (5) nehrin

   (6) ömrün  (7) ismi  (8) resmi  (9) burnu  (10) küçücük

2. (1) karnı  (2) metnin  (3) alnımız  (4) boynuna  (5) şehre

   (6) burnum  (7) beyni  (8) bahse

3. (1) omzu  (2) aklımda  (3) alnını  (4) sabrı  (5) ağzındaki

4. (1) sıcacık  (2) minicik  (3) küçücük  (4) çabucak  (5) alçacık

## 第十课　KONU 10

**İsmin Belirtme Hâli　名词宾格**

1. (1) Türkçe'yi  (2) şapkayı  (3) kalemi  (4) kuşları  (5) balıkları
   (6) pencereyi  (7) tahtayı  (8) kitapları  (9) televizyonu  (10) tatlıyı

2. (1) sınıfı  (2) İstanbul'u  (3) sokakları  (4) lokantayı
   (5) Üsküdar'ı  (6) odanı  (7) odasını  (8) müzeyi  (9) ofisi
   (10) İstanbul'u  (11) öğretmeni  (12) öğrencileri  (13) beni
   (14) garsonu  (15) sizi

**Pekiştirme Sıfatları　强化形容词**

1. (1) soğuk mu soğuk / sopsoğuk  (2) yemyeşil  (3) bambaşka
   (4) koskocaman  (5) taptaze

2. (1) sarı sarı  (2) yeşil yeşil  (3) kırmızı kırmızı  (4) taze taze
   (5) turuncu turuncu

3. (1) sopsoğuk  (2) depderin  (3) sapsarı  (4) dapdar  (5) sapsağlam

4. (1) kolay kolay  (2) temiz temiz  (3) siyah siyah  (4) yeni yeni
   (5) soğuk soğuk

**Sıfatlarda Derecelendirme　形容词的等级**

1. (1) en  (2) gibi  (3) daha  (4) kadar  (5) en  (6) daha  (7) daha
   (8) gibi  (9) en  (10) kadar  (11) en  (12) gibi  (13) daha

2. (1) Bence en iyi takım Beşiktaş.
   (2) Bence en güzel ülke Çin'dir.
   (3) Sınıfımızın en uzun boylu öğrencisi Selim'dir.
   (4) Sınıfımızın en sportmen öğrencisi Fatih'tir.
   (5) Sınıfımızın en komik öğrencisi Buket'tir.

## 第十一课　KONU 11

**Gelecek Zaman**　将来时

1. (1) bekleyeceğim　(2) getireceğim　(3) hatırlayacağım
   (4) görüşeceğiz　(5) oynayacağız　(6) yiyeceğiz　(7) gideceğim
   (8) söyleyecek　(9) gideceğiz　(10) edecek

2. (1) gitmeyeceğim　(2) gelmeyecek　(3) yağmayacak
   (4) etmeyeceğim　(5) oynamayacağım　(6) toplayacağım
   (7) yapmayacağım　(8) gelmeyecekler

3. (1) gideceğim, gitmeyeceğim
   (2) seyredeceğim, seyretmeyeceğim
   (3) oynayacağım, oynamayacağım
   (4) yiyeceğim, yemeyeceğim
   (5) gideceğim, gitmeyeceğim

4. (1) Ahmet tatilde bilgisayar öğrenenecek.
   (2) Babam gelecek baharda ağaç dikecek.
   (3) Annem hafta sonu kek yapacak.
   (4) Onlar temmuzda tatile gidecek.
   (5) Ayşe Ahmet'e mektup yazacak.

5. (1) gidecek　(2) yiyecekler　(3) çıkacaklar　(4) kestirecek
   (5) gidecek misiniz?

6. (1) gideceğiz　(2) etmeyeceğim　(3) vereceğim　(4) çıkmayacağım
   (5) alacağım　(6) etmeyeceğim

7. (1) Yarın gece konsere gidecek misiniz?
   (2) Bu yaz tatile gidecek misiniz?
   (3) Beni özleyecek misiniz?
   (4) Bugün antrenman yapacak mısınız?
   (5) Yarın sabah erken kalkacak mısınız?

(6) Kahve içecek misiniz?

8. (1) gelecek　(2) kalacak　(3) gezeceğiz　(4) gideceğiz

(5) edeceğiz　(6) gideceğiz　(7) gezeceğiz　(8) gideceğiz

### İsmin Vasıta Hali　名词与格

1. (1) otobüsle　(2) uçakla　(3) tebeşirle　(4) silgiyle　(5) bisikletle

(6) formla　(7) kalemle　(8) gitarla

2. (1) senle　(2) benle　(3) dedemle　(4) arkadaşlarımla　(5) senle

(6) onlarla　(7) Furkan'la, Harun'la　(8) suyla

3. (1) evden okula　(2) da　(3) sınıfta, öğretmeni

(4) pencereden bahçeye　(5) Almanya'dan Türkiye'ye uçakla

(6) ekmeği bakkaldan　(7) tebeşiri　(8) benimle sinemaya

# 第十二课　KONU 12

### İstek Kipi　愿望式

1. (1) Eczaneden ilaç alalım.　(2) Her sabah bir saat koşalım.

(3) Bu kitabı tatilde bitireyim.　(4) Bugün eve erken gideyim.

(5) Hayvanları koruyalım.

2. (1) çağıralım　(2) oturmayalım　(3) içmeyelim　(4) seyretmeyelim

(5) yürümeliyim　(6) vemeliyim　(7) etmeyeyim

3. (1) oturayım　(2) yiyelim　(3) gidelim　(4) oynayalım　(5) çağıralım

(6) susalım　(7) binelim　(8) giyeyim　(9) alayım

4. (1) oynamayalım　(2) uyumayalım　(3) içmeyeyim　(4) gitmeyeyim

(5) yapmayayım

5. (1) alayım mı?　(2) sorayım mı?　(3) getireyim mi?　(4) alayım mı?

(5) bineyim mi?

6. 1~5 CBDCD

**Dilek-Şart Kipi** 祈求条件式

1. (1) okusak   (2) doğmasa   (3) gelse   (4) versem   (5) olsan
   (6) ısınsa   (7) gelse   (8) sorsa   (9) dönmese   (10) olsa   (11) olsa
   (12) dinlese   (13) olsa   (14) gelse

2. (1) yazsam   (2) okusa   (3) dinleseniz   (4) anlasam   (5) çözsek
   (6) uyusanız   (7) görsen   (8) bilsek   (9) çalışsalar   (10) baksan
   (11) anlasa   (12) yürüsek

3. 

| Ben | arasam | gitmesem | sorsam mı? |
|---|---|---|---|
| Sen | arasan | gitmesen | sorsan mı? |
| O | arasa | gitmese | sorsa mı? |
| Biz | arasak | gitmesek | sorsak mı? |
| Siz | arasanız | gitmeseniz | sorsanız mı? |
| Onlar | arasalar | gitmeseler | sorsalar mı? |

## 第十三课   KONU 13

1. (1) Ankara'daydım   (2) öğrenciydim   (3) yaşındaydım
   (4) bekardım   (5) yoktu   (6) yoktu   (7) yoktu

2. (1) varmış   (2) büyükmüş   (3) yakışıklıymış   (4) yaşlıymış
   (5) tembelmiş

3. (1) hasta değilmiş   (2) sınıfta değilmiş   (3) şehir değilmiş
   (4) spor salonunda değillermiş   (5) pahalı değilmiş

4. (1) hastaydı, hasta değildi
   (2) sıcaktı, sıcak değildi
   (3) öğretmendi, öğretmen değildi
   (4) ikinci kattaydı, ikinci katta değildi

5. (1) neredeydin?   (2) evdeydim   (3) değildin   (4) oteldeydin
   (5) değildim   (6) Evdeydim   (7) beraberdim   (8) neredeydin

(9) mıydın  (10) değildim  (11) İstanbul'daydım  (12) hapisteydim

6. 1~5 BCBCC

7. A.c  B. e  C. a  D. b  E. f  F.d

## 第十四课　KONU 14

**Duyulan Geçmiş Zaman**　非确指过去时

1. varmış, görmüş, dağıtıyormuş, anlatmış, yorumlatmış, demiş, sevmiş, vermiş

2. (1) Dağcılar dağda kalmış.

    (2) Arkadaşım hastaneden taburcu olmuş.

    (3) Ayşe bugün okula gelmemiş.

    (4) Çocuk sütünü içmiş.

    (5) Öğrenciler sınıfa gelmiş.

3. (1) anlamamış  (2) hazırlamamış  (3) bitmemiş  (4) kaçırmamış

    (5) girmemiş

4. (1) gelmiş mi?  (2) gitmiş mi?  (3) gitmişler mi?  (4) yapmış mı?

    (5) evlenmişler mi?

5. (1) açmış  (2) gitmişler  (3) olmuş  (4) bozulmuş  (5) girmiş

6.

| ben | yürümüşüm | beklememişim | okumuş muyum? |
|---|---|---|---|
| sen | yürümüşsün | beklememişsin | okumuş musun? |
| o | yürümüş | beklememiş | okumuş mu? |
| biz | yürümüşüz | beklememişiz | okumuş muyuz? |
| siz | yürümüşsünüz | beklememişsiniz | okumuş musunuz? |
| onlar | yürümüşler | beklememişler | okumuşlar mı? |

## 第十五课　KONU 15

**Gereklilik Kipi** 必须式

1. (1) Annemize ve babamıza yardımcı olmalıyız.
   (2) Yemekten sonra dişlerimizi fırçalamalıyız.
   (3) Soğuk havalarda kalın elbiseler giymelisin.
   (4) Onlar tam saat sekizde otobüs durağında olmalılar.
   (5) Bu kitabı hafta sonu bitirmeliyim.

2. (1) yatmalısın  (2) yıkamalıyız  (3) çalışmalıyım
   (4) fırçalamalıyız  (5) almalıyız

3. (1) içmemeliyiz  (2) konuşmamalısınız  (3) etmemelisin
   (4) söylememelisin  (5) seyretmemeli

4. (1) Ders anlatılırken konuşmamalısınız.
   (2) Hastayken doktora gitmelisiniz.
   (3) Kalkmalısınız, okula gitmelisiniz.
   (4) Yarın sınav olacak ders çalışmalısınız.
   (5) Dışarısı çok soğuk kalın elbiseler giymelisiniz.

5. (1) Kardeşimi aramalı mıyım?
   (2) Hastalandığımda doktora görünmeli miyim?
   (3) Sağlıklı olmak için sürekli spor yapmalı mıyız?
   (4) Yemekten sonra ellerimizi yıkamalı mıyız?
   (5) Elimdeki kitabı bugün bitirmeli miyim?

6. (1) konuşmamalısınız  (2) söylememelisin  (3) okumalılar
   (4) kazanmalı  (5) ütülemeliyim

7. (1) gelmeliler, gelmemeliler  (2) hazırlamalı, hazırlamamalı
   (3) giymelisin, giymemelisin  (4) gitmeliyiz, gitmemeliyiz
   (5) hazırlanmalılar, hazırlanmamalılar

8. 1~6 BDBBDD

9.

| ben | yürümeliyim | yazmamalıyım | okumalı mıyım? |
| --- | --- | --- | --- |
| sen | yürümelisin | yazmamalısın | okumalı mısın? |
| o | yürümeli | yazmamalı | okumalı mı? |
| biz | yürümeliyiz | yazmamalıyız | okumalı mıyız? |
| siz | yürümelisiniz | yazmamalısınız | okumalı mısınız? |
| onlar | yürümeliler | yazmamalılar | okumalılar mı? |

## 第十六课　KONU 16

**Etken Fiiller**　主动动词

1. Kedi, fare, kedi, kedi

2. (1) kırdı　(2) görüştü　(3) okuyacak　(4) hazırladı　(5) bekliyoruz

　　(6) çıkmadım　(7) temizledi　(8) seviyoruz　(9) çarptı

　　(10) vermedi

**Edilgen Fiiller**　被动动词

1. (1) Dün gece çok güzel bir film seyredildi.

　　(2) Bahçedeki çiçekler sulandı.

　　(3) Tablo iki ayda tamamlandı.

　　(4) Mutfaktaki bütün bulaşıklar yıkandı.

　　(5) Konsere gitmek için biletler alındı.

2. (1) düşünüldü　(2) pişirildi　(3) anlatıldı　(4) satıldı

　　(5) yardım edildi

3. (1) araba　(2) hikaye　(3) oda　(4) evimiz　(5) bilgisayarım

　　(6) yolu　(7) taşındı　(8) kapatıldı　(9) konu anlaşıldı　(10) satıldı

4. Yıllar sonra bir araya gelindi, kahveler içildi, fıkralar anlatıldı, eski fotoğraflara bakıldı, sohbet edildi.

5. A. d　B. e　C. b　D. a　E. c

6. (1) eğlenildi　(2) boyandı　(3) hancandı　(4) giyildi　(5) anlatıldı

7. (1) edilgen  (2) etken  (3) etken  (4) edilgen  (5) edilgen

**İşteş Fiiller**　相互动词

1. (1) selamlaşmak  (2) çarpışmak  (3) gülüşmek  (4) bağrışmak  (5) karşılaşmak  (6) tanışmak  (7) sevişmek  (8) koşuşmak  (9) itişmek
2. (1) tanışmış  (2) çarpıştı  (3) anlaştı  (4) gülüştük  (5) görüştük
3. (1) edilgen  (2) etken  (3) etken  (4) işteş  (5) edilgen
4. (1) ev ödevleri yapıldı  (2) yemekler hazırlandı  (3) futbol oynandı  (4) dizi film seyredildi  (5) doktora gidildi
5. (1) kaybedilmedi  (2) cevaplanmıyor  (3) gidilmez  (4) edilmiyor  (5) kapanmayacak
6. (1) İki tren birbiriyle çarpıştı.
   (2) İki arkadaş birbiriyle anlaştı.
   (3) İnsanlar sırada bekleşiyorlar.
   (4) Arkadaşımla mektuplaşıyoruz.
7. 1~3 ABD
8. (1) silindi  (2) kaybetti  (3) atıldı  (4) kesilecek  (5) temizliyor  (6) bakıştı  (7) yiyoruz  (8) yazışıyoruz  (9) boyandı  (10) gülüştü